驚豔奧地利

Amazing Austria, Marvelous Seasons

洪繡巒 著

歐遊女王洪繡巒帶你品味45處不可錯過的名勝
美饌美酒、古蹟文化、雪景溫泉
領略歐陸四季之美、節慶、工藝與人文氣息

推薦序 01
奧地利的優秀旅行指南

奧地利台北辦事處 處長 | **Roland Rudorfer**
Austrian Office Taipei, Director

身為奧地利駐台辦事處處長，能夠就洪繡巒老師增訂版本的旅遊指南《驚豔奧地利》發表幾句話，我深感榮幸。

洪老師是一位經常旅行的人，多次造訪奧地利和歐洲，她非常了解奧地利的美麗與內涵。她著作繁多，尤以烹飪領域的書籍更具特色；其兄弟洪啟嵩禪師，是一位著名的佛學家，他們的家族擁有極深厚的文化底蘊。

奧地利位於歐洲中心，主要機場之一的維也納，是抵達歐洲任何其他地點的最佳樞紐之一。我的國家擁有一千多年的歷史，以其自然美景、悠久的傳統、精美的建築、美食佳餚和來自世界上最著名的作曲家——如莫札特和約翰‧史特勞斯的古典音樂而聞名。奧地利首都維也納，更是多年來經常被評為全球最宜居城市前三名。

洪老師這本書突顯了奧地利最美麗的地方、景觀和去處，深入探討了奧地利文化、傳統、烹飪體驗和奧地利生活方式的眾多其他方面，這裡無法一一列舉。

我毫不猶豫地推薦這本書，它是一本關於奧地利的優秀旅行指南。希望各位讀者會發現，在準備前往奧地利旅行和度假之時，本書是極具價值的資源。

感謝洪老師邀請我為此作序，也祝洪老師的新書取得巨大成功。

As Director of the Austrian Office Taipei it is my distinct pleasure and honor to say a few words about Ms Salina Hong's updated tourist guide "Amazing Austria: Marvelous Seasons".

Ms Hong is a frequent traveler, has been many times in Austria and Europe and she really knows what she is talking about. She is very well known for authoring many books, especially in the culinary field. Her brother Master Hung Chie-Sung is a famous Buddhist philosopher, so culture in all its aspects runs deeply in the blood of the family.

Austria is located in the center of Europe and its main airport in Vienna is one of the best hubs to reach any other destination in Europe. My country has more than a thousand years of history, is best known for its natural beauty, its long standing traditions, its wonderful architecture, culinary delights and Classical Music from the world's most famous composers such as Wolfgang Amadeus Mozart and Johann Strauss. Austria's capital Vienna has been voted into the top 3 of the most livable cities world-wide for years, winning the top spot quite often.

Ms Hong highlights the most beautiful places, sights and locations, takes a deep dive into Austrian culture, traditions, culinary experiences and numerous other aspects of the Austrian way of living, that cannot be named here.

I can recommend this book with full confidence as an outstanding travel guide about Austria and hope that many of the readers will find it a most valuable resource to experience their trip and vacation in Austria.

I wish Ms Hong a lot of success in her endeavors and also want to thank her for granting the opportunity to say a few words.

推薦序 02
以美食帶路
看見藝術國度之美

交通部觀光署 署長
Director General,
Tourism Administration, MOTC

周永暉
Dr. Joe Y. Chou

在疫情過後的今日，人人渴望旅行。「旅行」最迷人之處在於總有出發，也有賦歸。以自身的經驗為起點，對照、探索旅途中的各種物事、地景、風貌，成為自己新的體驗和獨一無二的意義。然後帶著旅程所見歸返，以新的角度折射映照、重新觀賞到更多已存在於自身環境的豐盛美好。

洪繡巒老師的書正是這樣的一部旅記。在她筆下，奧地利不再只有維也納少年合唱團或鐵道車站的記憶，她為台灣朋友帶來奧地利美食可以是一支夏日之舞，常民生活之中有藝術、飲品佳釀之中有文化。閱讀此書，我也跟著洪繡巒老師的腳步完成了一場經典奧地利的極致之旅。

觀光署曾為吸引奧地利朋友來台贊助出版，個人也偶有聽到好友大提琴家張正傑老師暢言當年奧地利留學點滴，但透過繡巒大姐文圖並茂的呈現奧地利風情和美食，大家可以享受深度之旅。在一同體驗這場旅程後，將視角轉回所在之地，我們看到台灣亦無處不是美食、景緻、人文、歷史，從元宵燈會、仲夏冰品，到雙鐵旅遊、冬季溫泉，只要是心之所向，四時皆美。

近年來，永續旅遊已成為全球觀光的主流趨勢，透過國人及觀光人的持續耕耘，台灣已有六個國家景區獲頒「全球百大目的地故事獎」，讓國際見證台灣觀光發展的永續力。同時，台灣是世界上唯一可用鐵路環繞一周的國家，在低碳生態旅遊的風潮下，我們不僅以「鐵道」結合台灣的環島自行車路網及國家綠道等珍貴資源，也透過「親山、親水、樂環島」的主題邀請各國旅客訪台。只要把心打開，您隨時可以開啟一段充滿好奇的驚喜之旅。

4

The Journey of Aesthetic Life and Culinary Culture

In this post-pandemic era, the desire to travel has surged. The allure of travel lies in both the departure and the return. Starting from personal experiences, we explore various elements during our journeys, forming new experiences and unique perspectives.

Ms. Salina Hong's book is a travelogue that depicts exactly that. Her narrative reveals the beauty of Austria beyond the iconic attractions like the Vienna Boys' Choir or railway tours and brings us the culinary delights of Austria which burst with flavors like a summertime dance. Her book also offers us a glimpse of the artistic elements woven into Austrian everyday life. I embarked on an exciting journey following her footsteps to complete a classic Austria journey.

I feel a deep connection to Austria. To attract more Austrian visitors to Taiwan, the Tourism Administration has sponsored many publications. Also, I have heard many great stories from friends like Professor Chang Chen-chieh, a Taiwanese cellist who studied in Austria. Salina's vivid depiction of Austrian culture and cuisine deeply immerses us in the experience. After exploring Austria together, when we redirect our gaze back to Taiwan, we find that Taiwan is abundant and beautiful at every turn and every season.

In recent years, sustainable tourism has become a global trend. Through the continuous efforts of locals and tourism professionals, Taiwan received recognition for six national scenic areas in the 2023 Green Destinations Top 100 Stories, showcasing the sustainable development of Taiwan tourism.

As the only country in the world encircled by railways, Taiwan embraces the trend of eco-friendly travel by combining railways with cycling networks and national greenways. We sincerely invite worldwide travelers to enjoy the mountains, embrace the sea, and explore the island. With an open heart, you will surely have a journey full of curiosity and delightful surprises at any given time.

奧地利與台灣的美好交流

德文書籍《台灣：隱藏的寶石》作者
（Trauner Verlag 出版，2018 年）
Author of the book "TAIWAN. The Hidden Jewel.",
German, Trauner Verlag, 2018

高碧雲
Gabriele Seewald

2016 年，我的好朋友洪繡巒 Salina Hong 出版了《驚豔奧地利》第一版。

我仍清晰地記得，我們為了她書中部份的內容，一起在奧地利旅行的種種。這是奧地利和台灣——我的祖國和我的家鄉——美好交流的開始。Salina 當年那一本《驚豔奧地利》，也觸發了我寫《台灣：隱藏的寶石》一書的想法。和之前一樣，2018 年，我和我的好朋友 Salina 一起在台灣旅行，為了我的書的部分內容取材。

2019 年，我們與一群來自台灣的優秀人士，在洪啟嵩禪師的帶領下，前往奧地利進行禪修之旅。此後，Salina 多次造訪奧地利，並多次帶領親朋好友在奧地利深度探訪。我們親切地稱她為「奧地利駐台民間大使」。

看到全新增訂版本的《驚豔奧地利》出版，我這顆「奧地利 - 台灣」之心充滿了極大的喜悅，本書對奧地利的文化、藝術、美食和四季愉快的活動進行了更廣泛、更深入的分享。Salina 發自內心地欣賞和分享她所走過的地方、遇見的人們，她寫作的天賦可以從她書中的字裡行間、照片的精采氛圍中感受到和看到。

衷心期盼大家，不止是在書頁之中享受令人驚豔的奧地利景色，也親自前來奧地利感受吧！

從我的心到你的心

In 2016, my dear friend Salina Hong published the first edition of "Amazing Austria".

I still vividly remember traveling Austria together for parts of her "Amazing Austria" book. This was the beginning of a beautiful exchange between Austria and Taiwan, my motherland and my homeland.

The first "Amazing Austria" book also initiated my writing the book "TAIWAN. The Hidden Jewel." in German in 2018, traveling Taiwan with my dear friend Salina Hong for parts of my book.

In 2019, we took a group of wonderful people from Taiwan under the guidance of Zen Master Hung Chie-Sung on a Zen Meditation Tour to Austria. Salina has since visited Austria many times, has guided several tours through Austria and we affectionately call her "the Secret Ambassador of Austria in Taiwan".

It fills my Austrian-Taiwan heart with great joy to see this new edition of "Amazing Austria" being published with an extended and even deeper sharing of Austrian culture, arts, cuisine and enjoyable activities throughout all seasons.

Salina's gift of deep heart appreciation and sharing the essence of places and people can be felt and seen throughout her book, in her words, her photos and the vibes she shares.

Enjoy "Amazing Austria: Marvelous Seasons" on these pages and in real life!

From my Heart to Yours

尋找最特殊的
旅遊印記

立恆投資股份有限公司 董事長 ｜ 林惠玲
Chairman of Li Heng Investment Co., Ltd. ｜ Helen Lin

　　洪老師邀請我為她的新作《驚豔奧地利》增訂版寫序，我有點驚訝，因為我自認，只是在自家產業及幾個國際社會公益團體貢獻己力，祈求國際、社會和平安樂，如何能為洪老師第 64 本著作寫序？然而，洪老師誠懇說明緣由，讓我欣然接受這榮譽的任務。

　　老師說：「我希望此書寫序賢達包含各方人士，妳的旅遊世界各國經驗極為豐富，且深入研究，極具藝術、文化、美學素養，雖然已多次造訪奧地利，然 2019 年又再次隨同我與洪啟嵩禪師帶領的『奧地利禪旅』，見識了許多不同的地景風情，及『世紀大佛遇見莫札特』數位藝術展，我與米其林大廚 Klemens Schraml 的『台灣奧地利和平地球晚宴』，妳也恭逢其盛。妳又曾與我遊訪不丹、希臘等國家，請妳寫序理所當然。」

　　這本堪稱奧地利四季完整的作品，最能代表奧地利旅遊的整體形象，春夏秋冬，如夢似幻的美景，一一閃過眼前，那份心靈的浸潤，令人心滿意足，尤其曾經踏訪過的景點，甜蜜回到心底，那些我冬日未曾參訪之境，在老師精彩敘述的故事中，期待有朝一日，跟隨洪老師遊此仙境。

　　這本書也是美食之旅，跟隨美食家旅行，除了品嚐，更是五味六覺品味知識之提昇，食為先總匯了奧地利最代表性的美食、美酒、甜品，故事本身就令人陶醉。

　　我極力推薦大家閱讀這本奧地利寶典，尋找最特殊的旅遊印記。

　　祝福本書大大暢銷，讀者之福。

Miss Hong invited me to write a preface for her latest work, "Amazing Austria: Marvelous Seasons." I was somewhat surprised, as I consider myself merely involved in my industry and a few international charity organizations, working for peace and happiness for international and my community. Why me?

Miss Hong sincerely explained the reasons why she thinks I am the perfect choice for writing the preface for her 64th work: "I hope great individuals from various backgrounds write the prefaces for this book. Your extensive experience traveling the world and profound research in art, culture, and aesthetic literacy make you the perfect fit. You have visited Austria several times, and in 2019, once again, you joined Zen Master Hung Chie-Sung and me on the 'Austrian Zen Journey,' experiencing many different landscapes and attending the 'Century Buddha Meets Mozart' digital art exhibition. You attended the 'Taiwan-Austria Peace Earth Gala Dinner' held by Michelin chef Klemens Schraml and me. You also joined me on the trip to Bhutan and Greece; how could I not invite you to write the preface?" And I gladly accepted this honored task.

This book is a visual feast, showcasing the enchanting beauty of Austria's four seasons and the essence of its tourism. From spring to winter, the dreamlike beauty of the landscapes flashes before your eyes, leaving an indelible impression on your soul.

When I read about those places I had visited before, sweet memories resurfaced, and those winter scenery yet to be explored, I eagerly anticipated a day I could follow her to this paradise. It is also a culinary journey, accompanied by a food enthusiast on sensory and intellectual exploration. It not only offers a taste of Austria's most representative cuisine, wine, and desserts but also intoxicating narratives.

I am thrilled to recommend this treasure trove of Austrian experiences. I hope it will help you find your most unique travel memories.

I wish this book great success and joy to its readers.

林建治

奧地利完整呈現的
代表作

上順旅行社股份有限公司 董事長　｜　李南山
Chairman of Fantasy Travel Service Co., Ltd.　｜　**Robert Lee**

在旅行界縱橫數十載，識人無數，非常開心能在擔任國際順風社台北社（SKAL INTERNATIONAL TAIPEI）社長任內，邀請洪繡巒老師（Salina Hong）演講並入社，成為緊密的好友。

洪老師周遊列國，在旅行、美食及國際觀，是領先群倫的先驅，她又兼具藝術、文化、音樂之素養，溝通說故事高手，文筆如行雲，絢麗婉約、絲絲入扣，難怪著作令人愛不釋手。有幸為洪老師第 64 本著作《驚豔奧地利》之最新增訂版寫序，實感榮幸之至。

這本涵蓋奧地利春夏秋冬四季，各大城市、鄉間小鎮、湖區河景、節慶歷史文化、環保有機產業，旅宿創意的發揚等等精彩的文章，實在令人耳目一新。我非常喜歡百水先生創意旅館及所有作品緣起的描繪，以及知名奧地利溫泉 SPA 的介紹，對於舉辦二次冬季奧運的滑雪之都，看了這本著作，冬季的精彩，讓人魂牽夢縈。

深度旅遊，用心體會，享受每個國家、城市、小村的內涵，是旅行的趨勢。這本奧地利完整呈現的代表作，值得我們細心品味，我誠心推薦大家擁有珍藏。

預祝洪老師再次成功，新書長紅！！！

Having traversed the travel world for decades, meeting countless individuals, I am delighted to have had the opportunity, during my tenure as President of SKAL INTERNATIONAL TAIPEI, to invite Miss Salina Hong to speak and join our society, becoming close friends.

Miss Hong, a globe-trotter with expertise in travel, cuisine, and international perspectives, stands out as a pioneer in her field. Additionally, her artistic, cultural, and musical sensibilities, storytelling prowess and elegant prose, make her works truly captivating.

It is not just an honor but a personal joy for me to write the preface for Miss Hong's 64th work, "Amazing Austria: Marvelous Seasons."

This book covers the four seasons of Austria, including its major cities, rural towns, lakes and rivers, festival histories, cultural heritage, and advancements in eco-friendly industries and innovative accommodations, offering a refreshing perspective.

I particularly enjoy Friedensreich Hundertwasser's creative hotels and the depiction of renowned Austrian thermal SPAs. As I read about the ski capital hosting the Winter Olympics for the second time, the excitement of winter portrayed in this work lingers in my mind.

In-depth travel experiences, heartfelt appreciation, and the enjoyment of each country, city, and village's essence represent the trend in travel.

This comprehensive representation of Austria is worthy of our careful consideration. I wholeheartedly recommend everyone to cherish it.

I sincerely wish Miss Hong continued success and the enduring popularity of her new book!

是一趟視覺之旅
更是心靈上的洗滌

永信旅行社股份有限公司 董事長
Chairman of Yung Shin
Travel Service Co., Ltd.

黃士元
Huang, Shih Yuan

　　第一次認識洪繡巒老師已是 10 多年前的事，從認識老師第一天開始每次遇見她，她總是帶給我一些她的新作品及新的想法，很佩服她總是充滿了熱情，似乎她的生活總是滿滿能量且綿延不絕。洪老師不僅是國際企劃管理專家，更是跨越多重領域的專才，被譽為國際演講家、禮儀專家、旅行家、美食家、作家、畫家 .... 等等，每項皆深切鑽研有成，而且自成一格。

　　關於此書，《驚豔奧地利》全新增訂版是一本讓您如同親臨其境，感受奧地利全年無休的壯麗景色與文化氛圍的精彩之作。從春天的薔薇盛開、夏季湖光山色、秋天金黃的樹海，到冬季皚皚白雪覆蓋的阿爾卑斯山，這本書以細緻華麗的文字與生動的攝影，帶領讀者穿越奧地利四季分明、各具特色的自然景觀和豐富多彩的節慶活動。

　　作者不僅介紹了知名景點，如維也納、薩爾茲堡與茵斯布魯克等城市的歷史與文化，更深入探索了那些隱藏在偏遠山谷或古老村落中未被大眾發現的寶藏。每一章節都呈現出不同地區在特定季節下最引人入勝之處，無論是自然風光還是人文景觀。

　　這本書不只是一趟視覺之旅，更是一次心靈上的洗滌。本書無疑將成為愛好旅行、攝影和欣賞自然美景人士收藏書架上的珍品。對於渴望探索歐洲中心之國——奧地利多元而深厚文化底蘊及自然美景的讀者來說，這將是一本難以放手的旅遊故事，身為旅遊專業規畫者的我，衷心推薦給喜愛旅遊及享受生活的您。

I first met Miss Salina Hong over a decade ago, and from the first encounter, she always shared her new works and fresh ideas with me. I deeply admire her perpetual enthusiasm; her life seems always filled with boundless energy and passion. Miss Hong is not only an expert in international project management but also a multifaceted talent spanning various fields. She is an international speaker, etiquette expert, traveler, food connoisseur, writer, painter... the list goes on, with each endeavor showing her dedication and unique flair.

The newly revised edition of "Amazing Austria: Marvelous Seasons" is a captivating masterpiece that allows you to experience Austria's breathtaking scenery and cultural ambiance year-round. From the blooming roses of spring to the picturesque lakes and mountains of summer, the golden forests of autumn, and the snow-covered Alps of winter, this book, with its exquisite writing and vivid photography, takes readers on a journey through Austria's distinct seasons and richly diverse festival activities.

Miss Hong's exploration introduces well-known landmarks such as Vienna, Salzburg, and Innsbruck, delving deep into their history and culture. She also explores hidden treasures tucked away in remote valleys or ancient villages that have yet to be discovered by the public. Each chapter presents the most captivating aspects of different regions during specific seasons, whether natural landscapes or cultural landmarks.

This book is more than just a visual tour; it's a spiritual cleanse. Undoubtedly, it will become a cherished addition to travel enthusiasts, photographers, and nature lovers' bookshelves. For readers eager to explore the diverse and profound cultural heritage and natural beauty of Austria, this will be an addictive travel story. As a professional travel planner, I wholeheartedly recommend it to those who love travel and enjoy life.

自序

　　我的人生充滿「驚奇」，回顧與奧地利的深切緣份，該感謝我的奧地利好友 Gabriele Seewald（高碧雲）。她在我 2014 年《慢玩 深遊 土耳其》的新書發表會上，當眾邀請我為她的國家寫一本書，我欣然答應。

　　Gabriele 隨即聯絡奧地利商務辦事處代表與我會談，繼而連繫奧地利國家旅遊局駐日本的前處長 Michael Tauschmann 飛到台北與我午餐會，僅僅 10 分鐘的溝通，即完成合作計畫。國家旅遊局連同各地區，安排我所有的訪問行程、交通、住宿、美食，以及特別參訪之企業與訪問。

　　我於 2015 年 7 月 6 日啟程，停留一個多月，並於當年秋季 9 月 28 日再訪，以一個半月的時間，盡享「金色奧地利」的迷人風采。

　　於是，2016 年 5 月，《驚豔奧地利》誕生了！獨特的旅遊印記，深度彰顯絕美的風光，甫上市即榮獲暢銷排行榜第一名，且歷久不衰，成為奧地利的中文形象代表作。

　　由於奧地利各邦旅遊局，都希望我停留當地時間多一些，爭相邀請我再訪，以便寫出更多精彩篇章。於是，在 2016 年 11 月～ 12 月的冬季，再度訪問冬季奧地利最著名的諸多滑雪勝地、高山冰洞，也安排了教練教導我的滑雪初體驗；同時，冬季各地的歡樂耶誕市集，真是令人流連忘返。

　　為補足全書獨樹一幟與完整呈現，我在 2018 年 3 月，再度飛維也納，探訪各地好友，並記錄特殊節慶、風情、參與活動，而完成了增訂版。

　　這部新書出版在即，心中有無限的感動與感恩。涵蓋 11 大單元，藉由奧地利悠久的傳統文化、生活型態、溫情故事、音樂藝術底蘊，以及我精心攝製的相片，帶領大家深入了解奧地利的多元樣貌。

　　萬分感謝長榮航空公司的商務艙機票贊助，奧地利駐台代表 Roland Rudorfer 處

長精彩的序文，以及他夫人 Jing Xu 慷慨提供維也納歌劇院 2024 年舞會的現場照片。

　　交通部觀光署周永暉署長，基於支持世界各國觀光之情，特別作序，為本書益添無限光彩。

　　上順旅行社李董事長南山友情贊助力挺；永信旅行社黃董事長士元盛情為序，銘感五中。

　　立恆投資公司林董事長惠玲，多次與我旅行奧地利及其他國家，緣份匪淺，感謝文情並茂的序文。

　　這本是我的第 64 本著作，承蒙賈總編俊國帶領的編輯群，專業高效地完成所有作業，在此鞠躬致謝。

My life is filled with "wonders," especially when I reflect on my profound connection with Austria. I owe much gratitude to my Austrian friend, Gabriele Seewald. It was during the launch of my new book, "Slow Play Deep Dive Turkey," in 2014 that she publicly invited me to write a book about her country, and I gladly accepted.

Gabriele promptly arranged for a meeting with representatives from the Austrian Trade Office, followed by lunch with Michael Tauschmann, the former director of the Austrian National Tourist Office in Japan, who flew to Taipei to discuss our collaboration. In just 10 minutes, our cooperative plan was finalized. The Austrian National Tourist Office, along with regional authorities, organized all my visits, transportation, accommodations, dining experiences, and special events.

I embarked on my journey on July 6, 2015, staying for over a month, and revisited in the fall on September 28 of the same year, spending a month and a half thoroughly enjoying the enchanting beauty of "Golden Austria."

Thus, in May 2016, "Amazing Austria" was born! Its unique travel impressions vividly showcase Austria's breathtaking scenery. Upon its release, it immediately soared to the top of the bestseller list and has remained popular, becoming a representative work of Austria in Chinese.

Due to the desire of various Austrian state tourism offices for me to spend more time in their regions, they eagerly invited me for return visits to contribute more exciting chapters. Thus, in the winter of November to December 2016, I revisited many of Austria's famous ski resorts and high-altitude ice caves, and even had skiing lessons. The joyful Christmas markets throughout the winter were truly unforgettable.

To complement the book and present a comprehensive picture, I returned to Vienna in March 2018, visiting friends across the country and documenting special festivals, local customs, and participating in events, completing the expanded edition.

As the publication of this new book approaches, my heart is filled with infinite emotions and gratitude. Covering 11 major sections, it delves deep into Austria's diverse landscape through its rich traditional culture, way of life, heartwarming stories, musical and artistic heritage, and my carefully captured photographs.

I am immensely thankful for the business class flight tickets sponsored by EVA Air, the splendid foreword by Roland Rudorfer, Director of the Austrian Office Taipei, and the generous provision of live photos from the Vienna Opera Ball 2024 by his wife, Jing Xu.

Dr. Joe Y. Chou, Director-General of the Taiwan Tourism Administration, graciously penned a remarkable preface, adding infinite brilliance to this book to support global tourism.

Mr. Robert Lee, Chairman of Fantasy Travel Service Co., Ltd., generously sponsored. At the same time, Mr. Huang Shih-Yuan, Chairman of Yung Shin Travel Service Co., Ltd., penned a warm preface, for which I am deeply grateful.

Helen Lin, Chairman of Li Heng Investment Co., Ltd., with whom I have traveled to Austria and other countries multiple times, provided a beautifully written preface reflecting our profound connection.

This is my 64th work, and I extend my deepest thanks to the editorial team led by Chief Editor Daniel Chia for their professional and efficient completion of all tasks.

洪繡巒 **Salina Hong**

目錄
Contents

推薦序

01 奧地台北辦事處 Roland Rudorfer 處長　　　　　　　　002

02 交通部觀光署 周永暉署長　　　　　　　　　　　　　004

03《台灣：隱藏的寶石》作者 Gabriele Seewald　　　　　006

04 立恆投資股份有限公司 林惠玲董事長　　　　　　　　008

05 上順旅行社股份有限公司 李南山董事長　　　　　　　010

06 永信旅行社股份有限公司 黃士元董事長　　　　　　　012

自序　　　　　　　　　　　　　　　　　　　　　　014

前言 維也納，我來了！　　　　　　　　　　　　　022

CHAP
TER
1

食為先

01 香檳早餐的魅惑　　　　　　　　　　　　　　　　　026

02 愛湯的民族　　　　　　　　　　　　　　　　　　　032

03 美食饗宴　　　　　　　　　　　　　　　　　　　　035

04 春夏秋冬──就是要當季　　　　　　　　　　　　　039

05 甜蜜蜜　　　　　　　　　　　　　　　　　　　　　045

CHAP
TER
2

醉戀維也納

01 古老的現代──霍夫堡皇宮的抽象藝術　　　　　050

02 百年風華咖啡行　　　　　056

03 音樂之都賞心樂　　　　　070

CHAP
TER
3

葡萄園的文化搖籃

01 酒莊之旅　　　　　078

02 藍色多瑙河　　　　　093

03 史匹茲船博物館　　　　　098

04 最美的巴洛克建築──梅爾克修道院　　　　　106

CHAP
TER
4

古典的浪漫

01 聖沃夫岡畔的明珠──白馬飯店　　　　　112

02 維也納的瑰寶──薩哈大飯店　　　　　118

03 薩爾茲堡最浪漫的古堡 Hotel Schloss Mönchstein　　　　　125

04 回到千年之外──Schloss Kapfenstein 古堡的過去與現在　　　　　130

CHAP
TER
5

薩爾茲堡的魅力

01 薩爾茲堡的甜蜜思念──莫札特圓球巧克力　　　　　136

02 歐洲最古老的餐廳──聖彼得餐廳　　　　　138

03 Do Re Mi──Sounds of Music 真善美之旅　　　　　143

04 有生命的木偶──薩爾茲堡木偶劇院的靈魂　　　　　147

CHAP TER **6** | **格拉茲──藝術之眼**

01 舊城區的光輝建築   152

02 古都中品鑒藝術趣味   160

CHAP TER **7** | **世界最美的湖區**

01 我在奧地利的家──阿特湖   168

02 喇叭的號響──聖沃夫岡湖   172

CHAP TER **8** | **歐洲最佳有機樂園**

01 百年傳承的家族綠寶石──健多樂金牌南瓜籽油   178

02 藝術巧克力的迷幻世界──Zotter 巧克力巡禮   183

03 水晶奇妙世界──施華洛世奇的綠巨人魔法   188

04 酒鄉的葡萄珍寶──葡萄諾貝爾化妝品   192

05 飛揚的公牛──Hangar 7 給你一雙翅膀   197

CHAP TER **9** | **蒂洛爾風情畫**

01 茵斯布魯克的美麗巡禮   202

02 再現鐘錶藝術的老匠鋪──骨董鐘錶店   205

03 Schnapps 呼乾啦！──奧地利傳統白蘭地   208

CHAPTER
10
冬季奧地利

01 施拉德明踏雪行 212

02 三千公尺上的絕景：施拉德明——達赫施坦因 219

03 茵斯布魯克——滑雪勝地、阿爾卑斯之都 228

04 冬日的歡樂——聖誕市集與魔鬼節 238

05 加斯泰因的滑雪、賞山與 SPA 療癒 245

06 哈囉！百水先生 253

CHAPTER
11
奇聞妙事

01 最古老小鎮的鐘樓夜夢 262

02 獵人之舞——秋獵野鴨行 267

03 奧地利的「清明節」——11 月 1 日孝親追思禮 271

前言

維也納
我來了！

　　2018 年 3 月 9 日，由台北直飛維也納，長榮航空正式啟航，這項嶄新的服務，讓旅客有著更深的期待。以常飛奧地利到維也納的本人而言，台北／維也納由晚間 11 點 40 分 BR 65 起飛，到達維也納是隔日清晨 7 點 00 分，在機上已享受完豐盛的早餐，馬上可以投入工作或行程，真是太美好了，等於多出一整天時間。

　　回程維也納／台北，BR 66 中午 12 點 05 分起飛，在奧地利境內，或周邊鄰國近距離城市，在離境當天早上都還有時間趕到機場搭機，可謂便利至極，時間效率極易掌握。

　　長榮航空自 1991 年開航以來，一直是飛安的模範生，百分百安全的紀錄令人欽佩，我在 2018 年 3 月間，陪同奧地利 12 位訪台名記者參訪長榮總部，對於其飛航安全之訓練，印象極為深刻；航空公司首重飛安，長榮的堅持與嚴謹、步步為營、一絲不苟，才能持續得此榮譽。

　　多年來，其創新力也不容小覷；它是首創「豪華經濟艙」的航空公司，如今，世界多數航空界也陸續跟進，它的彩繪機舉世聞名，自 2005 年推出至今，搭配夢幻、趣味機內設計、備品，創造無數成人、兒童旅客難忘的回憶，也連續獲得「全球八

大最驚豔彩繪機」、「卓越原創設計大獎」，以及「全球最佳彩繪機設計」等國際獎項，2023 年再次通過知名航空服務調查機構 SKYTRAX 稽查，獲得五星級航空公司認證，這是長榮航空自 2016 年以來，連續第 8 年得到這項國際榮譽的肯定。

位於桃園國際機場的長榮航空貴賓室，以藍天白雲為頂的設計，以及餐食區上方宇宙星空閃爍，搭配食區下方橢圓弧狀閃亮天然石彩，令人耳目一新；我特別喜歡以台灣健康在地食材呈現的健康蔬果吧；當然，出國前可能一段時間未能品嚐家鄉美食，它的自製牛肉麵或與鼎泰豐合作提供的牛肉麵、鮮蝦紅油抄手，絕對不能錯過，我的上機前晚餐，居然兩樣都不捨，可見有多好吃；甜品則有多款知名蛋糕及冰淇淋供選擇，同行友人笑稱我好像三天沒吃飯了。

我是旅行家也是服務專家，曾經搭乘過無數世界各國的航空公司班機，東、西方各國航空公司各有其歷史、傳承、文化與經驗，顯現出不同的服務特質。我在分析服務品質時，主要以「物性服務」及「人性服務」作為大類區分，任何服務細節都離不開這兩項，而大部分航空界競賽評比，都以「物性服務」為主；然而，真正會讓顧客感動的，卻是與之直接接觸的「人性服務」。所以，「物性服務」是基礎，必須不斷精進創新，才能贏得市場定位，而使「物性服務」活化成有生命的服務，卻是「人性服務」，故「人性服務」才是致勝之關鍵。

長榮航空是屬於成熟的航空公司，多年來，他們不斷地精進，以商務艙空中過夜備品為例，與世界各大頂級品牌合作，提供最時尚又實用的聯名過夜包，皆是以提升尊寵之感受，而名家設計的優質睡衣與拖鞋，更是百分之百加分，我特地在飛機上換上舒適的睡衣，這是第一次十多小時的飛行，讓我如此自在。

目前波音 787 服務台北／維也納來回的旅客，商務艙可以平躺，空中服務員噓寒問暖，在臨睡前為你鋪床，送上瓶裝水。 現今長榮航空所提供的法國天然礦泉水採用無標籤瓶身，這又是另外一層令人喜歡的「環保理念」。以如今提供「地球環保、人人有責」之基礎，或許長榮航空（EVAAIR）能以各種創意，在各方面發揚「地球環保」，EVAAIR 率先士卒，引領前導航空界之概念，定能贏得國際掌聲及顧客認同。

除了短程廉價航空之外，飛機上的美食也是顧客深切期待的，儘管飛機上，很多復熱過程會影響食物風味，然而只要食物、烹調選控適當，加溫流程確實掌握，還是可以端出令顧客滿意的美食。

我在 2018 年搭機時，喜歡長榮航空機上食譜的感心話語「最好的時節，就是

回家的時節」，「台灣，可以成為任何人的家，豐富特質讓你我擁抱差異，歡迎多元面孔，島嶼是新的落腳之地」。封面設計以台灣嘉義豐收稻田之圖像，顯現鄉土情懷，內頁「特等池上米」的敘述：「長榮航空本著企業社會責任與在地關懷，帶著台灣精品米飛向世界各地，讓全球旅客從一粒粒白淨飽滿的米，看見台灣的美麗，看見池上農民的執著與用心……」，看到這兒，我的心激盪著，一個良善的飛航企業，可以藉由一粒米去宣揚我們的台灣精神，你能不動容？

而品嚐餐點之前，一杯 100% 胡蘿蔔綜合果汁，或登機時依季節時令提供的冷壓果汁，這些特殊的健康飲品，倒很符合 evergreen 精神。

我在機上工作告一段落時，原來只想喝一點泡麵熱湯舒緩一下，想不到那撲鼻的香味，引來騷動，傳染了無數旅客，工作人員隨後的忙碌可想而知。這可是飛機上最令人愛戀的撫慰食品，曾經在飛機艙內「聞香起舞」的朋友們，此刻，一定充滿幸福的回憶。

清晨七點，飛機提前抵達桃園機場，望著歸心似箭，但充滿笑容的旅客，「翱翔萬里情，喜渡有緣卿，噓寒問暖意，笑迎客溫心」是我對此行的註筆。

長榮航空提供

CHAPTER **1**

食為先

細細品嚐每個城市屬於自己的味道

01

香檳早餐
的魅惑

如果你問我，旅行中最令人興奮的事情是什麼，其中之一，肯定是一大早的香檳早餐。

在歐洲，如果你住的是四星級以上的精品旅館，或是五星級大飯店，大部分都在自助早餐中，提供免費的香檳、水果汽泡酒、紅葡萄酒、白葡萄酒及各種不同飲品，你要大方地享用，那是你所付房價的免費贈禮。

以貴氣豪華著名的維也納薩哈大飯店（Hotel Sacher），就提供令人心醉的香檳早餐，而維也納另一精品旅館 Harmonie Vienna，除了香檳之外，琳瑯滿目的其他飲品，足以讓你眼花撩亂。

喝口能量水、品嚐鮮果，一天元氣滿滿

以純淨飲水著名的奧地利，喜歡在水中加入能量石，讓你元氣滿滿，另外，加入檸檬（或柳橙）及薄荷葉，則是清爽的口味；標榜使用有機材料的飯店，則提供新鮮現打的綜合果汁或果菜汁，每日更換不同飲品供顧客選擇。我還特別喜愛白馬飯店（Im Weissen Rössl am Wolfgangsee）提供的柳橙榨汁機，自己榨上一杯鮮橘柳橙，喝的當下，口中心中蜜蜜濃濃，真是滿足。

早餐吃水果是健康的第一步，各類水果如紅蘋果、綠蘋果、奇異果、鳳梨、木瓜、草莓、水梨、哈密瓜、葡萄，當季的櫻桃、李子，應有盡有，在夏季盛產的杏桃也是不可或缺的座上賓，秋季酒莊採收葡萄時，也會在早餐檯奉上剛採下的釀酒葡萄，供你品嚐。

雞蛋是早餐能量之源，奧地利人堅持 1/3 熟的鮮澄澄白煮蛋，一定得維持水準。此外，我最喜歡的蛋卷，每家也呈現不同風範，薩哈大飯店的師傅很驕傲地秀出傑作，那外焦內嫩的半月形蛋卷，配上綠紫沙拉葉，再撒上細碎蝦夷蔥，真是美極了。冷食檯上，除了燻魚、各種鮭魚片，還有北歐小甜蝦仁，算是特色。

標榜全部使用有機食材的 Harmonie Vienna 精品旅館，提供特別的特選早餐，除了早餐檯豐盛的食物之外，可選北歐早餐，係以有機蛋炒北海鮮蝦，配上煙燻鮭魚、新鮮蒔蘿，搭配辣根醬及蔓越莓醬，這份混搭的鮮味，十分對口；另一項特色炒蛋是以南瓜籽加入炒蛋，配上南瓜籽油及細蝦夷蔥，甚至提供有味噌湯、米飯、鮭魚、嫩煮蛋的日式早餐。

　　奧地利人酷愛各種火腿、生火腿、香腸;與中國人一樣,是吃豬肉的民族,早餐檯上,各種大小香腸、血腸、火腿一字排開;另外,起司也是他們的最愛。我每天替換,至少吃上3、4種起司,配著葡萄的甜味、核桃的香味,喝口香檳,心想,這就是生活!

多樣堅果一字排開

最令人驚喜的是，除了一般的腰果、核桃、松子等堅果之外，有機的鼠尾草籽、葵瓜籽、罌粟籽、亞麻仁籽、南瓜籽一字排開，加上榛果、無花果、杏桃乾、葡萄乾、蔓越莓乾、香蕉、椰子乾等大會串，喜歡早餐吃穀類的人，真可大顯身手搭配一番。

在蔬菜沙拉檯上，一般會放置切成長條的小黃瓜、紅甜椒、黃甜椒、青椒、幾種各色生菜及芝麻葉等，然而，旁邊醬料區一定有辣根醬、醃辣椒，及新鮮辣根絲，奧地利人吃火腿、香腸，或沙拉，都習慣配上微嗆的辣根（Horseradish）才夠味。

如果有機會入住酒莊民宿，早餐檯上可能會出現黑醋栗、蔓越莓、小藍莓、覆盆子、紅越橘等各種莓果，對於甚少看到如此完美現身的我們，真令人喜出望外。

優格的種類不少，但我喜歡飯店自製的清爽優格，灑上色彩繽紛的花瓣，賞心悅目，清爽宜人。

麵包是早餐的重心，奧地利人最愛的國民麵包首推圓形具五大花瓣的凱薩麵包（Kaisersemmel）。這款經典麵包，除了早餐必備，也是製作三明治、奧式漢堡的要角，它外酥內軟，切開一半，夾上厚厚的起司、火腿、生菜，一口咬下，真是令人振奮。在旅途中，與奧地利朋友在車上一人一個，一口一口的幸福，至今縈繞不已。

早餐麵包種類繁多，各種雜糧包、辮子麵包，芝麻、亞麻仁籽、南瓜籽、罌粟籽、葵瓜籽麵包及可頌、丹麥麵包、馬芬等，各顯英姿。通常在奧地利的習慣，早上吃甜食也很正常，早餐檯上會出現磅蛋糕、蘋果派、李子派，一些自製小甜餅；有些大飯店特製熱布丁，Harmonie Vienna 就每天提供兩款像梨子或李子派的熱甜點。

果醬類也是重頭戲，草莓、藍莓、黑醋栗、李子、柑橘……各種自家釀製果醬是重點，也搭配其他品牌市售品，另外，雞肝、鴨肝醬、豬油肉醬、花生醬，也是其特色。至於蜂蜜，除了小罐包裝好的市售蜂蜜，還會提供多種不同產區的蜂蜜，各具風味，有些還連蜂巢刮下，推出整片的蜂巢蜜，無論沾麵包，或置入熱茶、咖啡中，都風味十足，且營養豐富。

在奧地利的早餐廳，你可以要求任何你想喝的咖啡，拿鐵、卡布奇諾、黑咖啡，甚至維也納咖啡、冰咖啡等，而餐檯上的茶品區也令人欣喜，你可以選擇中、西不同的散茶自我沖泡，另有十多種長條形包裝的濾掛式茶包，耳朵剛好掛在茶壺邊或茶杯邊，非常方便，真是完美的包裝；至於配茶的蜂蜜，一列小包裝單杯份的蜂蜜，封口往外一折，即可注入，旅行也很方便，這兩款貼心包裝，讓我喜出望外。

咖啡館優雅的早餐

　　到奧地利旅行，無論在城市或鄉間，如果未曾享受一下咖啡館的早餐，可說是一大遺憾。舉凡維也納的知名咖啡廳，都提供豪華的香檳早餐，稱之為「優雅的早餐」（Elegant Breakfast）。以一杯汽泡酒開場，一杯熱飲、新鮮現榨橙汁、煙燻鮭魚、土司、可頌、麵包卷，附上奶油、小罐果醬及軟嫩的白煮蛋；這份全餐真叫人眉開眼笑，心滿意足。

　　若不喝香檳，點個豪華餐也不錯，三層像英式下午茶的提盤，起司火腿、果醬奶油，加上莓果水果優格、麵包可頌、維也納奶泡咖啡，清晨的精氣頓時點燃。

　　我在 Kornerberg 小住時，最喜歡到市政府旁的 BALZ 咖啡館，這家從 1889 年就開業的咖啡館，懷舊的黑白照片布滿牆上，各種剛上櫃搭著鮭魚、火腿、蛋片的麵包，真叫人垂涎欲滴，簡單的早餐套餐中，那份番茄蝦夷蔥辣根抹醬三明治，真是人間美味。

超越咖啡的咖啡館文化

1752 年是奧地利咖啡文化的啟蒙年，當時瑪麗亞女王（Empress Maria Theresa）頒布咖啡特許令，准許維也納的咖啡館販賣咖啡、茶、可可、巧克力。自此，開啟維也納乃至今的獨特咖啡文化。

奧地利的咖啡館集咖啡、茶、酒、飲品、甜品、餐館於一爐，從早餐到半夜 12 點，假日甚至到凌晨 1 點，是奧地利人生活的重心，也呈現全然不同的咖啡館文化。

奧地利的華麗多元咖啡是全世界僅見，尤其是各種綜合混搭鮮奶、發泡奶酒、各種甜酒、灑上橘皮、檸檬、杏桃醬的創意，令人嘆為觀止，同時喜歡以法蘭茲國王、瑪麗亞女王、莫札特等名人特製咖啡予之命名，每個咖啡館近 20 種的咖啡是常態，連茶類也有眾多選擇。

咖啡館也提供各種礦泉水、蘇打水、果汁、酒類，奧地利人喜歡以果汁加上蘇打水或汽泡水的飲料，每家也自製檸檬冷、熱飲；至於酒類，從各種啤酒、紅葡萄酒、白葡萄酒、香檳汽泡酒，到馬丁尼、琴酒、伏特加、威士忌、白蘭地、甜酒，應有盡有，一應俱全。

我發覺奧地利人有個特殊的飲酒習慣，很多人喜歡在白葡萄酒中加入冰的蘇打水或礦泉水，甚至紅葡萄酒也以此方式呈現，在咖啡館中，都會看到如此的國民飲料。

奧地利人習慣於在咖啡館中談公事、說私事、聊是非、話政治，你可以整天「泡」在咖啡館中無所匱乏，怪不得，單單維也納市就有兩千多家大小咖啡館，置身其中，不「咖啡」也難。

維也納的哈維卡咖啡館（Café Leopold Hawelka）

02

愛湯
的民族

奧地利人與中國人相同,都是愛湯的民族,無論冬、夏,喝湯總能消除疲勞,讓胃口大開。

傳統奧地利菜的湯品,比起歐洲其他國家算是較為完備的。寒冷天氣裡來上一碗熱湯,能讓人打從心底暖起來。

感受一碗湯的幸福滋味

　　奧地利的湯品極為美味，最有名的幾款，例如煎餅湯，是以蔬菜或牛肉清湯為底，置入切成細條的薄煎餅絲，也有另外加入粗小麵粉糰子的，十分清爽；另外，奧地利人也吃豬、牛、家禽的內臟，因此肉丸、肝丸清湯，上加蝦夷蔥，也是國民最愛之一，而捲糰子清湯，不僅變化多端，而且賣相極佳，以煎餅捲上餡料切成小塊，放入清湯中。即使簡單的蔬菜湯，置入各種蔬菜熬煮，鮮甜無比。有時，就這一碗湯，配上凱撒麵包，已是十分滿足。

　　豪華版的維也納湯盅是以牛肉清湯底，加入紅蘿蔔、櫛瓜及其他不同青菜、水煮牛肉片及細麵條等，最後撒上蝦夷蔥，一口喝下，心中直呼：「好湯！該如此！」

　　奧利的玉米濃湯頗為清爽，只加一點點奶油，上面還是青綠的蝦夷蔥，我在白馬飯店嚐過主廚的創意湯，是用椰子奶做成，裡面加了有紅寶石之稱的紅石榴，紅白相間，令人驚喜。

　　若於夏天造訪奧地利，千萬別錯過季節湯品──杏桃湯，微酸帶點甜的杏桃，足以讓你驚豔，我愛極了此「美色與美味」。

　　若是秋冬，一定要品嚐南瓜濃湯，有些餐廳在湯上置入一點發泡奶油，灑上香草，或幾顆南瓜籽、一勺南瓜籽油，此特殊美味將使你終生難忘。秋冬日也是鴨肉旺季，幸運的話，你可嚐到濃郁無比、「鴨味」十足的鴨肉湯，奧地利人以蔬菜慢燉成濃稠的鴨湯，暖胃開脾，鮮入心底。

煎餅湯

肝丸清湯

捲糰子清湯

牛肉清湯

玉米濃湯

馬鈴薯奶油濃湯

杏桃湯

番茄湯

南瓜濃湯

03

美食饗宴

薄薄的維也納炸肉排的確是奧地利的招牌，然而，深入探訪，你會沉迷於無數讓人流連忘返的美味叢林。

説到奧地利的國民美食維也納炸肉排（Schnitzel），我們得正本清源，最原始的炸肉排其實是用「小牛肉」，切成薄薄的一片，稍微敲打伸展成更薄，裹以麵粉、雞蛋，炸成香酥的肉排，但因小牛肉較昂貴，一般人民改以豬肉、雞肉、羊肉代替，衍生為很多人以為「維也納炸豬排」是最早的原創。

食用炸肉排時，一般會配上標準的小碟「紅越橘醬」，奧地利人對食物配醬極為堅持傳統，如果醬料搭配不對，他們會覺得很彆扭而不對「味」。炸肉排的標準配菜為炸薯條或水煮馬鈴薯，加上檸檬塊。奧地利的餐廳大多有這道菜，維也納則有炸肉排專賣店 Figlmüller。

肉排之外的奧地利特色美食

　　另一項名菜是清燉牛肉，加入多種蔬菜及香料細燉慢煮的牛肉片，汁甜味美，這是少數口味清淡的奧地利菜。盛盤上菜時，盛上大量蔬菜及撒上辣根絲，配上煮馬鈴薯餅和辣根白醬，有些餐廳直接以銅平底鍋送上桌，鍋內的水煮馬鈴薯及辣根、蝦夷蔥與湯汁，形成紅、白、綠的美麗景色，香氣四溢，令人垂涎欲滴。

　　奧地利與中國人很大的共同點——都喜好豬肉，而且豬腳豬頭、豬的內臟也來者不拒，我聽說奧地利也有燉豬腳湯。鄉村料理中的燉煮豬肉，切成厚肉排，配上酸菜與麵糰子（Knödel），就是好吃的經典。他們對豬肝的喜愛，也不在話下，我們在瓦豪（Wachau）河谷史匹茲鎮（Spitz）的餐廳，朋友點了一道煎豬肝，美味到他說是吃過最棒的料理。

　　喜歡沙拉的人，這裡的雞肉沙拉絕對不會讓人失望，源自 18 世紀的維也納炸雞，與肉排同樣受歡迎。但有趣的是，炸雞肝、雞心、雞胗是奧地利平民美食，你可以在超市中，買到這些生鮮食材，在煮湯時加入內臟，是我在友人廚房中做菜時

所見，還以為回到臺灣呢！

　　說到麵糰子（Knödel）也是奧地利菜的一大特色，以馬鈴薯或麵粉，或將兩種混合揉成大圓球狀，可當成肉類的配菜，一般出現在匈牙利燉牛肉中搭配紫高麗菜，或搭配豬肉料理。它也會是肝糰子湯的主角，甚至出現在甜品中，如夏季的杏桃糰子，幾乎也成為一大部分人的主食。

　　在薩爾茲堡（Salzburg）、蒂洛爾（Tyrol）地區，因酪農業盛行，當地人喜歡食用大量起司，一種特別的麵疙瘩起司大受歡迎。它以捏得小小的麵疙瘩，加入大量的起司，撒上培根碎、炸洋蔥酥。在薩爾茲堡友人家中，她特地做了這道料理，配上冰鎮啤酒，真是人間美味。

　　奧地利薩爾茲卡莫古特（Salzkammergut）的鹽湖區，擁有無數美麗的湖泊，足可生飲的湖水孕育出肉質鮮美的魚類，也成為奧地利鮮魚料理的特色，常見鮭鱒、虹鱒，或白鮭、紅點鮭等，種類繁多。活魚最好的料理即鮮烤全魚，在向著湖景的餐廳，享用細嫩的烤魚，啜一口冰涼的白葡萄酒，箇中滋味，待你親嚐。有些精緻餐廳以煎紅鮭片，配上奶油燉飯、馬鈴薯泥，上飾以鮭魚卵，真是令人驚豔。

　　羔羊排是我在瓦豪河谷時的另一驚喜，餐廳老闆力薦當地的山上羔羊，果真肉質細嫩，盤飾美麗，配上杏桃相得益彰。

　　在山區，我吃到培根雞肉卷搭配紅燒板栗及炸麵糰子片，也是功夫到家的美味。前菜中，有極具特色的野菇濃湯搭配炸雞肝，滋味叫人難忘。

獨樹一幟的海鮮連鎖餐廳 Nordsee

奧地利並不靠海，除了湖魚之外，海魚、蝦類及其他海鮮全需仰賴進口，價格較為昂貴，餐廳菜單也以肉類居多，而奧地利人一般吃禽、肉的比例也較高。

但有一家海鮮連鎖餐廳 Nordsee 卻獨樹一幟，在維也納、格拉茲（Graz）、薩爾茲堡、茵斯布魯克（Innsbruck）各大城市都有分店，這是家創立於 1896 年，源自德國的連鎖海鮮速食餐廳。其實它兼具「速食」與「精食」功能，提供的沙拉、蔬果冷盤種類繁多，也有各類現成的焗烤，紅燒魚類、海鮮，甚至煮熟的大蝦、龍蝦類，不僅方便，而且迅速。

現場也提供大量的新鮮全魚、魚排、燻魚、貝類、牡蠣、烏賊、小龍蝦、龍蝦等，供應選擇精緻餐點。說真的，吃了整個月的肉食，來點可口的海鮮似乎讓人神清氣爽。

我在格拉茲時，與友人到了她弟弟擔任主廚的 Nordsee 餐廳，第一件事就是吃生蠔、小龍蝦，配上一杯冰涼的香檳，奧地利貴婦的生活莫過於此。

04

春夏秋冬——
就是要當季

奧地利四季分明,地貌多元,山河湖境,孕育出各種食材,而奧地利人一本奧匈帝國遺風,對於季節分明的食物攝取,十分講究,也非常符合當地、當令的養生原則。

如果你在夏天 7 月造訪多瑙河畔的瓦豪地區,黃澄澄的杏桃剛好豐收,除了新鮮杏桃與杏桃醬,完美的杏桃全餐正逢其時,錯過了這段時間,只好等待來年。

秋天 10 月、11 月正逢南瓜盛產收穫的旺季,當然,南瓜籽油全年無缺,要享受道地全方位的南瓜盛餐,則非此時莫屬。

夏日之舞──杏桃全方位

　　2015 年的夏日，是我在奧地利度過最美妙的夏天，瓦豪河谷除了葡萄園，夏天最美的風景就是金黃澄澄的杏桃。當農場主人駕著大紅色收割車載著兩位興奮的「女孩」到達杏桃園時，連陪同我去的多瑙河旅遊局經理 Jutta 都跳起來，我邊玩邊採邊吃，居然吃了 10 顆味美多汁的杏桃，往常吃杏桃乾，如今現摘鮮果在手，怎樣也停不了口。

　　好戲連連，最令人驚豔的是酒莊餐廳 Karl Holzapfel 的杏桃全餐。這套只有在夏天杏桃盛產時推出的特餐，比許多米其林餐廳的餐點，還令我終生難忘。

　　餐廳以男主人的名字 Karl 命名，這種情形在奧地利極為普遍，堅持只供應午餐，因女主人是餐點的主要設計製作者，晚上要照顧兩位年紀還小的孩子，他們需要「母親」，我聽到由 Barbara 口中自然的敘述，非常受到感動。

　　他們的前菜，順應季節變化供應，但已令我十分震撼，以三層盤托出美麗的 12 道前菜組合，每一部分的裝飾都細緻非凡，採自自家花園的花朵、香草，呈現豐富色彩與食物的調和，最上層 3 種抹醬，杏桃醬上豎一片炸杏桃當然是主角，另有奧地利著名的豬油肉末醬及起司奶油醬，另一盤則呈現各種起司搭配草莓、杏桃及越橘；第二層為野豬肉、生火腿及另二種火腿；最下層則為肝醬、馬鈴薯奶油醬、醃泡菜加小麵糰子，以及櫻桃蘿蔔沙拉。以上是冷的前菜，完全餐廳自製，搭配自家的全麥麵包；酒是瓦豪地區必備，玫瑰粉紅酒是開場。

　　熱前菜隨後登場，煎血腸、香腸搭配辣根及杏桃醬，風味極為特殊；第二道是薄蛋酥麵包夾香腸，第三道則奉上薄片炸鮪魚三明治；道道精采，我特別喜歡擺盤的花、葉，真是一幅幅美麗的畫。

　　綠緣的陶碗，襯著綠格子的餐巾紙，中央黃澄澄的杏桃濃湯，一小綴紫色薰衣草嬌羞的探首，畫龍點睛一片炸杏桃串著竹籤斜倚輕笑，望著這經典的畫面，我真是合不攏嘴，是何種美麗的心靈，刻畫出如許令人感動的食物。當我喝下一口杏桃湯，輕咬一片炸杏桃，淚兒差點滾下來。

　　此刻已然飽足，輕啜美酒麗絲玲（Riesling），女主人翩然送來杏桃雪碧搭上杏桃薄餅、草莓及酒梨。旁邊則是一片薄荷葉！主菜還沒上呢！

　　主菜來了，煎鮭鱒菲力下面是杏桃燉飯，搭配炒大蔥、杏桃及櫻桃小番茄、黃檸檬、迷迭香及紫薰衣草，把畫面襯托得令人心怡，女主人又開了一瓶自家酒莊的白葡萄酒勸酒、勸餐，我還真吃完最後一口，以報答主人的盛情。

　　甜點是當然的主角——杏桃麵糰子（Apricot Dumpling）。麵糰包入整顆杏桃，撒上炒麵包屑及糖粉，搭配杏桃醬品嚐，這份兩大麵糰的精品，實際上是很多人的中餐主食。享用得即時，過了夏天就吃不到了。

冬日狩獵野味季──野鹿、野豬、鴨肉、燒鵝大餐

因春天萬物叢生，動物也於此時繁殖，嚴禁狩獵，待秋季來臨，獵人們嚴陣以待，舉凡野豬、野兔、野鴨、野鹿、麋鹿紛紛出籠。從 10 ～ 12 月，餐廳也推出限時的獵人大餐，特別的野豬、野鹿、野兔料理，除了野鴨，養肥的全鴨也上了桌。最有趣的是，全國養了一整年的肥鵝，就為了在 10、11 月間享用，除了 11 月 11 日聖馬丁節（St. Martin's Day）奧地利人有吃全鵝祈福的習俗之外，全國特定的供鵝餐廳，也紛紛掛出鵝招牌，推出全鵝大餐。至於 12 月 24 日則必吃香腸及魚、12 月 25 日吃火雞或鴨的傳統，也讓冬日食物更形多元。

野鹿肉大部分為紅燒，搭配紫高麗菜及圓麵糰子，或煎麵糰子片，講究些的餐廳會另外準備煮水梨搭配蔓越莓醬，這是傳統的食用方式。鹿肉的鹹與清爽的水梨、甜的蔓越莓醬，真是絕配。野豬肉搭水煮馬鈴薯，撒上巴西利是一般的作法，奧地利不知是否因為盛產岩鹽，這些菜口味較鹹，餐中得喝很多水呢。

我在秋天再訪奧地利時，打定主意要吃到所有當季美食，幸運的是瓦豪河谷的酒莊餐廳剛好推出鴨肉特餐，那份烤過再燒的大鴨腿，搭配紫高麗菜、馬鈴薯及蘋果，喝著他們酒莊的白葡萄酒，我不只吃得乾乾淨淨，還豎起大拇指，和老闆娘說：「吃了妳的鴨子，我再也不想巴黎的煎鴨胸了！」這是頂級的讚美，老闆娘樂翻天，立即送來三色甜點，外加一支甜酒慶賀。

大部分的燒鵝餐會在 10 月底或 11 月初才上市，我與友人 Fritz 有一天由阿特湖開車去維也納途中，在維也納外圍的酒莊區，眼尖的 Fritz 看到可愛的鵝招牌「MARTINI GANSL」，我們喜出望外，立即停車。

Gansl 就是鵝，你要點的鵝餐為「Klassisches Gansl」，意即經典鵝。鵝以鐵平底鍋奉上，好大的鵝腿、鵝胸，汁美味甜，傳統搭配甜菜根及紅燒板栗、煎大麵糰片，這意外的鵝肉大餐佐以紅酒，吃得我們幾乎無法站立，我的心願果然達成。

南瓜籽油交響曲

在南施泰爾馬克（Steiermark），除了是重要的葡萄酒產地之外，也是奧地利最重要的農產品之一——南瓜籽油的產地。

我由友人 Paul Kiendler 父子，迎接到萊布尼茲（Leibnitz）的酒莊餐廳 Winzerhaus Kogelberg 享用由主廚特製的南瓜籽油創意餐，所用的南瓜籽油係用 Kiendler 家族生產的得獎油品。

酒莊在山坡上，葡萄園環繞著餐廳，戶外也以葡萄樹棚架遮頂，非常涼爽宜人。主廚早已備好專屬菜單迎接我們，前菜是精緻的蔬菜薄片牛肉凍，佐小豆苗、櫻桃番茄，大器地淋上香氣撲鼻的南瓜籽油，清爽的蔬菜肉凍，和著濃濃的南瓜籽油，真的是「恰恰好」！

有機炒蛋佐南瓜籽及南瓜籽油，主廚的這道最簡單的料理，卻展現不簡單的功夫，蛋香、油香融合貫通，嫩嫩滑滑，不乾不柴，把南瓜籽油發揮得淋漓盡致。

主菜的湖鱒魚菲力，煎得皮脆肉嫩，辣根奶油醬滋潤了魚鮮，特製的南瓜寬扁麵，撒上碎南瓜籽，清香彈牙，直入我心。

主廚的甜品，總能出奇制勝，以奶油及南瓜籽做成冰磚，不硬不軟，香濃又不稠膩，圍飾紅白相間的蔓越莓及優格醬，除了美麗妝點，與冰磚口口相應，不得不欽佩主廚的獨到功力。

05

甜蜜蜜

在奧地利琳瑯滿目的甜點之前，你有勇氣說「No！」嗎？

遊遍奧地利，我與友人餐敘從沒錯過甜點，雖然奧地利甜品真「甜」，但若你在 Happy Ending 之前稍有躊躇，我的朋友馬上瞪大眼睛：「No dessert ？？？ Why ？ This is Austria！」（不吃甜點，為何？這是奧地利耶！）

所以，結論是──在奧地利不吃甜點是種「罪惡」，我已經預支兩年的甜點配額，旅行期間從沒罪惡感。

甜、甜、品甜

　　奧地利最富盛名的甜點非薩哈蛋糕（Sacher Torte）莫屬，經過薩哈大飯店與戴麥爾（Demel）的「甜蜜戰爭」判決之後，各家糕點、咖啡館都可販售自家的「薩哈蛋糕」。基本上，薩哈蛋糕是以濃郁的巧克力蛋糕為基礎，上層或中間夾層抹上厚厚的甜酸杏桃醬，然後上層及周邊覆蓋黑巧克力糖霜。傳統吃法是盤上另置一大球無糖發泡鮮奶油，平衡巧克力糖霜、蛋糕的甜味，此款獨特風味是奧地利僅見，在其他國家並未發現。

　　另一「國餅」是蘋果卷（Apfelstrudel），也稱蘋果餡餅，但因有很多層薄酥脆皮捲起，蘋果卷是最好的稱謂。傳統的薄皮製作極為困難，麵皮需延展到像桌面大，且平滑如一，毫無破綻，還需如蟬翼透光可隔層念報紙才算合格。最普遍受喜愛的是蘋果餡，但也有李子、杏子、各種莓果，或奶油起司，甚至蘑菇、火腿、肉類、香腸等鹹味 Strudel。我在茵斯布魯克，來到了 Kroll Strudel Cafe，是 Strudel 專賣店，有好幾十種不同的鹹甜卷餅可供選擇，並提供簡餐、湯類、各種三明治等，它的三

明治、南瓜湯都是上選，最後的奶酪起司 Strudel 配上咖啡，真是暖心。這裡不只在地人，也是很多觀光客朝聖的 Café。

　　遊奧地利不可錯過的還有超大份帝王煎餅（Kaiserschmarrn），雖然每次都吃不完，但有機會絕不放過，每個地方做出來都有些許不同，我在沃夫岡湖畔白馬飯店咖啡廳吃到熱氣騰騰的帝王煎餅，搭配蘋果片與李子醬，聽著好友 Fritz 訴

說帝王煎餅的故事。

有一天，國王法蘭茲‧約瑟夫一世（Franz Josef I）肚子餓，命御廚幫他煎份蛋來，御廚心急之下，把蛋煎壞了，索性亂糊成一團，肚子餓壞的國王跑到廚房，御廚面有難色，國王說：「沒關係，給我盛上來！」，吃完居然大為讚賞。以後御廚如法炮製，把大份煎餅故意切得亂七八糟，規則不一，撒上細糖粉，配上水果、李子醬，大受國王青睞，於是帝王煎餅不僅成為佳話，也變成各大咖啡館爭相推出的點心，但因份量龐大，許多人是把它當主餐的。

奧地利煎餅（Palatschinken）較為輕薄短小，是類似法式可麗餅的奧風口味；以薄餅包上杏桃醬、李子醬、巧克力、各種莓果、水果或甜奶酪、起司，做成甜食，也可放入菠菜、蘑菇、火腿、香腸片，做成鹹的口味，奧地利獨特的煎餅湯，也是衍生的料理之一，薄餅簡單快速，幾乎是常備的食品。

薩爾茲堡地區獨創的薩爾茲堡烤蛋霜糕（Salzburger Nockerl）是非常獨特壯觀的甜點，至少要花 20 分鐘現做，它是以 5 個蛋白打到硬發，加入白砂糖、麵粉、檸檬皮碎等，分成 3 個橢圓團，入烤箱烤至金黃色，最後撒上糖粉及香草糖粉，上桌時呈現三座連綿的山峰，分別代表環繞莫札特出生地薩爾茲堡的三座山峰——卡普奇納山（Kapuzinerberg）、夢西斯山（Mönchsberg）及蓋斯貝爾山（Gaisberg），非常美麗壯觀。

因份量龐大，可供 2 ～ 3 人享用。我在白馬飯店享用午餐後，主廚特地為我破例做了個「單峰」烤蛋霜糕，當時若有好友在，就可「三峰齊下」了。

磅蛋糕以中空模型烤製，有些是純蛋糕，有些加入葡萄乾、蔓越莓乾、杏仁粒，通常也會加入櫻桃白蘭地，是較為清爽的蛋糕，通常出現在早餐檯或下午茶中，與奧地利的咖啡文化密不可分。

在薩爾茲卡莫古特的中心點巴德伊舍（Bad Ischl），不只是夏宮及溫泉所在地，

當地小鎮上沿著河畔的 Café Zauner 更是名震遐邇，不只提供帝王煎餅、各式蛋糕甜品，杏桃麵糰子也是他們的招牌，據說在此皇宮似的餐廳裡，得配上特調的鮮奶油冰咖啡，這是我在奧地利的第一杯冰咖啡。有趣的是，或許奧地利甜品全然使用天然蜂蜜，我在美麗的陳列櫃中，居然發現蜜蜂在裡面翩翩飛舞。

有些特別的家常手工甜點，如櫻桃蛋白霜蛋糕，炸果醬方餡餅也常出現在地區性家庭聚會中。

著名的新月餅乾，像小蘋果的杏仁霜果子、巧克力霜圓餅、香草巧克力小圈餅，都是常見的甜食。

吃甜食，似乎是奧地利文化的一部分，如果你到了維也納超過 140 年歷史的 Café Diglas，看到端上桌「一人份」的奶油蛋糕，足足有我們的 4 倍大，千萬別驚慌，入境隨俗，包你吃得眉開眼笑——我在維也納。

CHAPTER 2

醉戀維也納

不只是音樂之都，
還有濃濃的咖啡香

01

古老的現代
——霍夫堡皇宮
的抽象藝術

約瑟夫‧米克爾於 1929 年 8 月 8 日在
維也納出生,1948 ～ 1955 年間就學
於維也納造型藝術學院,是第二次世
界大戰後,奧地利最著名的畫家之一。

在霍夫堡皇宮中,約瑟夫‧米克爾的
畫作氣勢驚人,展現文學家的思維及
內涵,隱藏在畫中的詩詞,彷彿浮出
畫面唱頌著,「思想在畫中,畫中現
思維」。

瞻望約瑟夫・米克爾

　　2015 年夏天我的好友 Gabriele 及她妹妹 Susanne 幫我在維也納安排了一場「烹飪表演分享會」，地點就在奧地利知名畫家約瑟夫・米克爾（Josef Mikl）生前的公寓，他的太太，也是畫家的布麗潔特・布魯克納（Brigtte Bruckner）現在就住在那兒。

　　我們在活動的前一天來到公寓，優雅的布麗潔特在桌上，布置了一大圈莫札特圓球巧克力，旁邊擺放一大盤自家果園的無花果，還有些糖果。喝茶的同時，我們走進她先生昔日的畫室，所有畫具、大小盆子、顏料，甚至生前的鞋子都擺在桌上，廣大的空間就是我們隔天活動的場地，四周牆上，掛著畫家最愛的橘紅色畫作。在前進霍夫堡皇宮（Hofburg） 觀賞他的大型畫作之前，我開始了解這位集文學、藝術、設計於一身的大畫家。

　　約瑟夫・米克爾的一生創作不斷，參加過無數展覽並多次獲獎，在 1968 年曾代表奧地利參加第 34 屆威尼斯雙年展，並於 1969 年受聘成為維也納造型藝術學院繪畫大師班教授；他的藝術成就，大大地展現在許多規模宏大、內容意義豐富的作品訂件，如為日本廣島大教堂設計的彩色玻璃窗、聖杯、彌撒服、廣告招牌、舞臺布景、戲劇服裝和一些舞臺戲劇首飾裝扮，是位多才多產的藝術家。

　　他的文學造詣顯現在根據奈斯特洛伊話劇和果戈里（Nikolai Vasilyevich Gogol）的《死靈魂》（Dead Souls）所創作的龐大系列作品中。

　　約瑟夫・米克爾的創作生涯與奧地利的藝術史緊密相連；在 1992 年，霍夫堡皇宮大廳內部被一場大火燒毀，國家發布一場競標，欲尋找最合適的藝術家來承

左起：Brigitte, Salina, Susanne, Gabriele

擔修復皇宮大廳的重任，他的油畫以卡爾‧克勞斯、約翰‧奈斯特洛伊、艾利亞斯‧加奈提和費迪南‧萊蒙的文學作品為靈感，宏偉的畫面魅力，打動了評審，從1994～1997年之間，他創作了404平方公尺的皇宮大廳天頂畫（34.8 X 11.6公尺）。另外，繪製了22幅壁畫，壁畫的總面積達214平方公尺。

　　我們來到霍夫堡皇宮這個大廳，屋頂及四周壁畫的能量，強到令人有點暈眩，Gabriele和我都感覺到了。這氣勢宏偉的屋頂畫是一塊一塊拼接而成的，約瑟夫‧米克爾的畫作不完全是純抽象藝術，文學家的思維及內涵在壁畫中可見端倪，隱藏在畫中的詩詞，彷彿浮出畫的唱頌，「思想在畫中，畫中現思維」是我的「讀白」。偉大的藝術永垂不朽，約瑟夫‧米克爾在2008年3月29日在維也納去世，而他的畫作也將隨霍夫堡皇宮永垂不朽。

布麗潔特·布魯克納畫作──薄彩油畫小清新

　　布麗潔特的家庭布置，完全顯示她的品味獨特，這位曾經幫助丈夫，完成霍夫堡皇宮巨型畫作工程的畫家，帶著無限甜美的回憶，繼續她的藝術生涯。

　　她於 1963 年出生於林茲（Linz），是 Gabriele 及 Susanne 的同鄉，曾經在 1983 ～ 1988 年就讀於維也納造型藝術學院，學習油畫修復。

　　布麗潔特是位傑出的靜物畫家，多年來，她的畫清新脫俗，顏料輕薄，有點像水彩，但其實是油畫。生動地畫出女人的鞋子，可愛又清純，各種外套也是她畫畫的對象，一個跳蚤市場的舊果盤、一張椅子、箱子、盒子或鮮花，都可觸動其心靈成為畫作題材；從 2012 年起，她開始投入風景畫作與素描。薄彩，似透明的輕盈，我看到布麗潔特清純的內在，那是一種美的智慧。

中西交流，烹飪分享秀

活動的一早，我與 Gabriele 到維也納中央市場（Naschmarkt）採買，因為，這裡可以買到東方的食材，包括中國、日本、泰國、越南等國的專屬材料。

中央市場位在華格納青春大樓旁邊，走進去，門口陳列了新鮮蔬果、各色莓果、香草植物。我們買了幾種成串的番茄，右邊的糖果糕餅攤拚命請客人試吃。這個有趣的市場販售各種醃製品、起司、烤雞，由於土耳其店很多，沙威瑪的烤肉香不斷飄散。

找到一家亞洲雜貨店，這裡應有盡有，黑木耳、白木耳、枸杞、醬油、黑醋、南瓜籽、南瓜籽油，全都齊全。我們買完出來，加買鳳梨之後，萬物皆備。

市場內，還有數不清的餐館、咖啡廳、啤酒屋，進去一家不錯的餐廳，點了烤肉餐，味道還真不錯呢！

今晚的烹飪分享會是由布麗潔特作東，邀請她的好友，我們也請了中華民國駐奧地利的官員及 Gabriele、Susanne 的許多親朋好友參加。名指揮家彼得・顧斯（Peter Guth）也帶家人一起出席，50 多人的蒞臨超出布麗潔特的想像，是她先生過世之後，從未有過的榮景，讓她感動萬分。

中奧合璧，展現健康概念

當天主要展現中奧食材合璧的健康概念。首先，歡迎飲料——白木耳鳳梨枸杞飲。這款飲料含有鳳梨、煮熟白木耳、枸杞、蜂蜜、一點鹽、檸檬汁、1 湯匙醋，將所有材料加水以果汁機打成汁；賓客們對這份飲品讚不絕口，還拚命再喝第二杯呢！

布麗潔特同時還準備了很多麵包、起司、生菜及甜品，以及各色的水、酒。

我在說明每道菜的養生及健康原理時，以最淺顯的說法，道出中國祖先的智慧，番茄沙拉為何加薑汁，是涼性與熱性的平衡；枸杞呈眼睛形狀，對眼睛保養很好；黑、白木耳是美容及健康聖品，加了南瓜籽及南瓜籽油，對男性的攝護腺很有幫助。有一位女性朋友忙問：「所以，南瓜籽油對男性很好，我先生剛才吃好多喔！我怎麼辦？」我說：「那妳要吃更多，否則怎麼拼得過他。」一語雙關，引來哄堂大笑，一片掌聲。

最後的壓軸是臺灣烏龍茶的泡茶表演，簡單地示範如何泡中國茶，並佐以臺灣帶來的鳳梨酥。

這場美食與文化交流，不只賓主盡歡，布麗潔特在送走客人之後，感動地說：「8年來，自從我先生過世後沒見過的朋友今天都來了，他們好開心，我感覺我先生在這裡跟我們一起，謝謝妳們。」

沙拉兩款

1 十味番茄沙拉佐生薑陳醋醬汁：我以 10 種大小各色番茄切成一口小塊，調上生薑陳醋醬汁，醬汁以生薑磨汁，巴沙米可陳醋、醬油、檸檬汁、蜂蜜調和，成為平衡和諧、風味獨特的醬汁，最後飾以薄荷綠葉。

2 黑白木耳枸杞南瓜籽沙拉：這是採用奧地利特產的南瓜籽油與南瓜籽，結合養生的中國黑、白木耳，調和成中奧合璧的養生沙拉。將黑、白木耳煮熟後撕成小塊加上枸杞，加入南瓜籽油、鹽、醬油、巴沙米可陳醋、蜂蜜調成的醬汁，最後撒上大量的南瓜籽。

02

百年風華
咖啡行

你去過維也納嗎？如果有人這樣問
你，他的真正意思是 —— 你去過維
也納的戴麥爾嗎？沒去過戴麥爾咖啡
館，怎能說到過維也納？

而除了傳奇的戴麥爾咖啡館，維也納
還有許多經典、華麗，以及充滿藝術
氣息與人文色彩的咖啡館等著你去探
訪。

230 年傳奇──哈布斯堡王朝的御用咖啡糕點鋪：戴麥爾咖啡館

　　源自 18 世紀奧匈帝國皇家唯一御用，供應宴會及劇場糕點的專屬店鋪，戴麥爾（Demel）咖啡館本身就帶著神奇的色彩，加上與薩哈大飯店（Hotel Sacher）纏訟 25 年的「甜蜜戰爭」（Sweet War），為了世界知名的一款「薩哈蛋糕」（Sacher Torte）品牌之爭，戰得如火如荼，把兩家公司的知名度推向顛峰，這場深具「維也納品味文化」的甜蜜戰爭，可能是繼 1814 年「維也納會議」之後，最具代表性的和平戰役吧！

　　薩哈大蛋糕的故事源自 1832 年，當時的首相梅特涅（Prince Klemens von Metternich，1773-1859）要求特聘廚師為其調製特殊的蛋糕，廚師長剛好生病，當時還未滿 16 歲，當學徒不到兩年的弗朗茲‧薩哈（Franz Sacher，1816-1907）臨危受命，製作了薩哈大蛋糕的原型；此款獨特的巧克力蛋糕，贏得首相的大力激賞，梅特涅首相高興不已，特別將此蛋糕以弗朗茲的姓氏「薩哈」命名，這是無上的榮寵。

　　薩哈大蛋糕真正推向市場是在 1848 年，弗朗茲‧薩哈在維也納開設一家高級的食品店，開始販售給上流社會，之後，他的長子愛德華‧薩哈（Edward Sacher，1843-1892）到皇室御用咖啡糕點鋪戴麥爾實習的兩年中，將薩哈大蛋糕改自成今日的形體，戴麥爾也開始製作販售薩哈大蛋糕。所以，嚴格說來，戴麥爾是首先製作今日的薩哈大蛋糕的原創店，也是其來有自。

　　愛德華‧薩哈獨具商業眼光。他在 1876 年創立薩哈大飯店，成為各國王公貴族和政要名人訪問維也納的下榻之處，也在飯店中將薩哈大蛋糕的名氣推向國際，因此開啟與戴麥爾的「甜蜜戰爭」，互爭「Sacher Torte」的原創及品牌權，當年成為維也納上流社會茶餘飯後，咖啡館中爭論的指標，兩派人士各擁其主，互不相

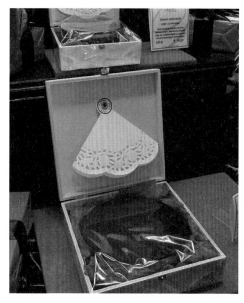

讓，歷經 25 年的訴訟，法庭內外熱鬧滾滾，最後，法官做了智慧的和平判決，薩哈大飯店獲得原創薩哈大蛋糕（Original Sacher-Torte）的商標權，可以使用圓形的商標在巧克力片上；而戴麥爾的愛德華薩哈大蛋糕（Edward Sacher-Torte）也是真的（Real）薩哈蛋糕，但只能用三角形的巧克力片。兩家店都允許販賣各自的薩哈大蛋糕；原本劍拔弩張，殺氣騰騰的官司，在法官幽默的判決下，成為一段佳話。

戴麥爾的不服氣仍然持續著，在書面文字中依然表露無遺，「我們不能認同所謂原創的文字意義為何，但事實是，如今薩哈大飯店的薩哈蛋糕絕非正統原型，正統原創的蛋糕中間沒有切開再夾入杏桃醬，只有蛋糕最上層抹上杏桃醬，使巧克力糖霜黏合得更緊密。」

所以，戴麥爾的薩哈蛋糕堅持一體成形，只在上層塗上杏桃醬，再覆蓋巧克力糖霜，而薩哈大飯店的薩哈蛋糕，則在巧克力蛋糕中間橫切，抹上杏桃醬，再蓋上另一半蛋糕，於頂上再塗一層杏桃醬，然後覆蓋巧克力糖霜。

▍ 愛情的禮讚

戴麥爾創立於法國大革命的前 3 年，亦即 1786 年，它與維也納及奧地利哈布斯堡王朝的歷史緊密相連，歷經 230 年而屹立不搖，直至今日，仍是世界第一的糕點老鋪。

200 年前的歐洲，砂糖是奢侈品，唯有皇室及王公貴族們才有機會享用甜點。糖餅商人兼糕點師傅路德維希‧德恩（Ludwig Dehne）獨具慧眼，在霍夫堡皇宮劇

院舞臺入口對面一棟華麗的洛可可（Rococo）建築 1 樓，開設了糕點店，這是戴麥爾最早的原型。到了 1799 年，第一代路德維希過世之後，其遺孀繼承家業，此時被選為皇宮獨家御用糕點店，專門供應宮廷宴會及劇場甜品，並有地下道連接商店與劇場，以便運送糕點，奠定戴麥爾頂級皇家甜品形象。

甜蜜的糕點，往往是世人禮讚愛情的代表物，王候、庶民並無二致。當年國王法蘭茲．約瑟夫一世就是標準的戴麥爾糕點迷，他經常訂購大蛋糕送給王后伊麗莎白（Elisabeth Amalie Eugenie）——也就是至今仍被傳頌的茜茜（Sisi）王后。而伊麗莎白王后也曾在國王生日時，送他戴麥爾的草莓果醬。國王和王后的愛情以糕點甜蜜呈現，不只傳為佳話，也將戴麥爾的名氣推向高峰。

獨一無二的「糖」博物館

很少人經過戴麥爾咖啡館能不被櫥窗精采的展品吸引，不管是人偶、房舍、各式蛋糕都色澤豐盛、精采絕倫，這些展示糖製品全都出自戴麥爾的製糖藝術家之手，有些人偶及大型展品，若非親眼目睹，真的很難相信是糖做出來的，戴麥爾收藏了歷年重要展品，在建築內成立了一個精采的博物館。

我與奧地利朋友應邀參觀時，真是大開眼界，望着栩栩如生的「茜茜」王后、白馬躍進、大象迎新、新娘禮服、美人魚、各式名人頭像、面具等，色彩、做工均精細絕美，對於這樣維護傳統又不斷創新的戴麥爾，不禁肅然起敬。

「Demel Lady」戴麥爾淑女

當你走進戴麥爾的糕餅鋪，或往後拾級而上至咖啡館時，身著黑色透著些許白衣領、白外裙的傳統奧地利服裝，清一色是優雅的女性來為你服務。

這些被稱為「Demel Lady」戴麥爾淑女的服務人員，全都出自維也納 18 區的 Währing 天主教修道院學校，由於戴麥爾是皇家御用糕餅店，工作人員必須擁有上流社會的優雅社交禮儀，她們具備德語、英語和法語的溝通能力，是職業女性中極為優秀的人才。

戴麥爾秉持自王宮時代服務的傳統，一直使用第三人稱與人交談，她們絕不能對顧客使用「你」的第二人稱，尊敬顧客的敬稱、舉手投足輕盈優美的雅姿，構成獨特的戴麥爾式魅力，這群淑女自信驕傲地以戴麥爾為榮，讓顧客留下深刻的印象，形成一段段的佳話。

戴麥爾的品質及食材，以新鮮及嚴格控管聞名，並堅持遵行傳統，它的名言是：「如果可以用手工製作的，絕對不用機器。」（Don't use a machine if it can be done manually.）所以至今，薩哈蛋糕、安娜大蛋糕、點心、餅乾等，全都是手工製造，鮮奶油也堅持手打，甚至包裝上面的蝴蝶結，也是由服務人員一個個巧手精心做成。

我最感動的是他們製作奧地利最知名甜點——蘋果卷（Apfelstrudel）的專業與用心，那些堪稱糕點的藝術家三十年如一日，每天早上 6 點即開工，廚房中間一大張木桌，鋪上白布，開始製作蘋果卷的薄皮，一遍一遍的擀，薄了還要更薄、「至薄」。最令人驕傲的薄皮出現了，它必須能透光，還可以隔著薄麵皮念報紙，而師傅們是如此的自信與放鬆，因為他們樂在其中，以做出戴麥爾的極致蘋果卷為傲。

咖啡文化的大使——薩哈咖啡館

　　第一次進入維也納的薩哈咖啡館（Café Sacher Vienna）是將近 30 年前，我代理的國際管理顧問集團 TMI，在維也納開國際會議，晚間節目安排維也納國家歌劇院觀賞歌劇《托斯卡》（Tosca），除了中段休息在歌劇院的咖啡廳喝香檳之外，散場的重頭戲就是到對面的薩哈咖啡館吃薩哈蛋糕（Sacher Torte）配薩哈咖啡，在晚間 11 點吃如此美味的甜點又喝咖啡，可說完全出乎意料之外，但奧地利代表堅持，若沒吃到世界知名的薩哈蛋糕，不只不能說到過維也納，也絕對是身為地主的他不盡責。

　　2005 年應邀入住薩哈維也納大飯店，我在中午時分抵達，順便到薩哈咖啡館午餐，30 年前深夜的印象已模糊，然而棗紅的壁布、繡著圓形標幟的紅沙發，即刻喚回那份華美的記憶，玻璃格窗上茜茜王后的畫像伴著妳，放眼望去，即是維也納國家歌劇院。

　　此刻，音樂、藝術彷彿流暢在空中，人們的輕聲細語，侍者的笑意旋移，都是一幅美景當前，我點了簡單的奧地利細餅絲丸子湯，以及野菇義大利寬扁麵。那碗撒滿細蔥的丸子湯，白綠相間，透著熱氣淡香，喝下清湯的當下，彷彿被融化，那是絕佳的精品，一口湯決定一家餐廳的好壞，斷非虛言。薩哈咖啡館絕非浪得虛名，他們的餐食來自和飯店餐廳同樣的廚房，維持顧客期待的高水準是基本的要求，野菇義大利麵創意地加上芝麻葉，不只美化了視覺，搭上上等巴沙米可陳醋，一口韻味十足的野菇寬麵。那種「恰恰好」的幸福感油然而生，這是我吃過最好的簡餐之一，我敢說：「薩哈咖啡館不只是咖啡館，也是美食殿堂。」

　　薩哈咖啡館的菜單，千篇一律像夾著報紙的報紙夾，屹立在桌上，翻閱菜單點菜，是一項有趣的經驗，這項創意傳統可能來自百年前的維也納，人們習慣到咖啡館閱讀各式報紙有關。

享受基本一致的美好

　　無論在維也納、薩爾茲堡、格拉茲、或茵斯布魯克的薩哈咖啡館，所有的菜單都是同樣的報紙形式，顯示品牌的一致性。「品牌認同」是薩哈咖啡館最為關注的，複製維也納形象，所有其他各地的室內裝潢、裝飾品、窗簾、地毯、椅套、桌子等，都顯示出薩哈咖啡館的統一形象及品味；菜餚方面，主食之配方需取自維也納，至於地區特色美食及各別主廚的創意，則會在每週變化的菜單中呈現，目標是呈現一致的優雅和美味，顧客即使在不同的薩哈咖啡館用餐，也不會有不合期待的錯亂。基本的一致美好是非常重要的。

　　我曾在不同的時間，分別造訪在各地的薩哈咖啡館，如在格拉茲時與友人去喝下午的香檳，吃薩哈蛋糕、喝薩哈咖啡，當你在門口，就能百分之百確定將進入獨一無二的薩哈咖啡館，因為棗紅壁飾、椅子即代表了一切。

　　當我到茵斯布魯克薩哈咖啡館時，是應指揮家彼得‧顧斯之邀吃晚餐，咖啡館位在皇宮一隅，夏日廣場剛好有一場開放音樂會，當地人們與遊客或坐或站，欣賞美妙的音樂。我們選擇坐在露天園中，音樂演奏就在前方，生活中處處充滿音樂，這也是標準的奧地利式生活。

　　奧地利最著名的水煮牛肉、炸肉排、蔬菜清湯和肝丸清湯紛紛上桌，水煮牛肉浸泡著鮮甜肉汁，上面飾以紅、綠蔬菜及白色辣根，這份家常菜令人心曠神怡，彼得點的炸豬肉排也是賞心悅目，我特別欣賞它附上的白色沾醬及辣根，微嗆的辣根是奧地利人的最愛，搭配炸物更為對味。

　　如果到薩哈咖啡館沒有吃片薩哈蛋糕，喝杯薩哈咖啡，人生好像不夠完整，薩哈蛋糕一定在旁邊附上用手打的奶油泡沫，而且要很大一坨與蛋糕媲美，這原味的無糖奶油泡，配上一口杏桃甜香的薩哈蛋糕，不禁讓人瞇著眼直呼「人生當如此」。

打贏「甜蜜戰爭」的薩哈集團，無時無刻、無遠弗屆，總不忘大肆宣揚它的正統原創性（The Original Sacher Torte），並遵照 180 年前的秘方，完全手工製作。從第一顆蛋開始，到完全製作成型，歷經嚴格控管的 34 道步驟，每天至少用掉 1.4 萬個蛋，除了蛋白與奶油混合以機器打出來之外，其他一律手工混合。頂級的食材、適當的溫度和溼度，每個工序一絲不苟，最後裝入精美的木盒之中，是薩哈蛋糕成功之道。它的配方嚴守秘密，最後淋上巧克力糖霜的準備及製作，由已有工作經驗 30 年的主廚親自執行，旺季時每天要完成 3,000 個蛋糕。

這款世界最為知名的蛋糕，名氣遠播，歐洲的鄰國，甚至美國顧客都來訂購。我在維也納，每天看到大排長龍的人群，等著現場訂貨，看來不只臺灣人愛排隊買糕點，奧地利人也不遑多讓。觀光客除了在維也納市區店面，也可在國際機場的薩哈專賣店購買，當然，網路訂購也非常踴躍，一年 36 萬個蛋糕創造了可觀的業績。

1001 種理由選薩哈蛋糕做為禮物是有力的宣傳，當然結婚、訂婚、彌月、作壽、新居、訪友……各種理由都適合，他們經歷過求婚蛋糕的訂製，並在禮卡上印上「妳願嫁給我嗎？」，成功與否不知，但蛋糕並未被退回。

薩哈蛋糕歷史紀錄驚人

薩哈蛋糕創造了很多歷史紀錄：

- 金氏世界紀錄：最大的薩哈蛋糕在 1999 年為維也納國際財經研討會（The International Financial and Economic Forum in Vienna）製造，直徑達 8 呎，列入「世界最大原創薩哈蛋糕」之金氏世界紀錄。

- 最高的薩哈原創蛋糕是 12 層高的結婚蛋糕，為奧地利最後一位皇帝的孫子卡爾·哈布斯堡（Karl Habsburg）與新娘法蘭西斯卡（Francesca）製作。

- 在 2009 年，一位顧客進入店鋪，訂購 1,000 盒薩哈蛋糕，而且馬上要帶走；當時，他只能帶走 500 盒，其他 500 盒則在當天下午晚一點交貨，這是至今一天中最大的「外帶」訂購量。

- 薩哈集團因蛋糕的外匯，獲得奧地利商業局、州政府經濟局的「觀光旅遊獎」。

- 每年薩哈蛋糕用掉 120 萬個蛋、80 噸糖、25 噸奶油、30 噸糖粉，以及 75 噸優質巧克力。

- 自從 2008 年，每年有限量版的名人薩哈蛋糕推出，在木盒外印上特製名家設計的圖案或藝術創作，這些成為收藏品的蛋糕在慈善活動推出，成為搶手貨，也推升企業的優良形象。走筆至此，真是想念我的薩哈蛋糕了。

藝術家的最愛──中央咖啡館

　　第一次與友人到中央咖啡館（Café Central）已是晚上近 10 點鐘，門口排著一列長龍，有點被嚇到，朋友若無其事地說：「天天如此啊！它太有名了，我們沒時間等，明天一早妳來吃早餐，可能好些！」

　　中央咖啡館氣派非凡，它在 1876 年，由費爾斯特公爵的官邸（Palais Ferstel）改建而成，外觀的大理石，拱門細雕，入內抬首一望，高聳的連續拱形綠條，大理石圓柱將宮廷建築的氣勢表露無遺。屋頂垂下的吊燈仍是 140 年前的古物，只是改成電燈，古典的桌椅配上白色的桌巾，棗紅的飾布與牆面圓拱雕飾、石柱上方金紅相間的圖騰，相互輝映，此刻，心中激盪不已。

　　中央咖啡館曾是知名的作家、音樂家、藝術家、政治家、科學家等流連之所，如知名詩人彼得・阿爾騰伯格（Peter Altenberg）、音樂家貝多芬、舒伯特、約翰史特勞斯父子、畫家克林姆、席勒等都是常客。一進門，就可見到一位如真人大小的老先生雕像，坐在桌檯邊，這是為了紀念詩人彼得・阿爾騰伯格所立，也成為中央咖啡館的招牌風景。

　　中央咖啡館也是許多外國遊客朝聖之地，我在早上 8 點半左右去吃早餐，不一會兒，門口又排一長龍等位置。而此刻，咖啡館內已滿座。到咖啡館吃早餐是維也納人的生活型態，此外，談心、談公事，也在此交流，當然時事、八卦、社

交，功能俱足，還有一項特別有趣的是咖啡館盡可能提供各種大、小報紙，所以人們喜歡到此讀報，據說 1913 年代時，中央咖啡館就有多達 250 種的報紙及雜誌，供客人閱覽。至今，仍有很多人習慣一大早去喝咖啡讀報的。

中央咖啡館提供各種早餐套餐，由簡到繁，甚至有香檳早餐，另外，咖啡、飲品的選擇琳瑯滿目，也供應奧地利式簡餐、湯品，所以，由早到晚，到半夜，顧客川流不息。

我的早餐是傳統的維也納早餐，包括一杯維也納咖啡、傳統圓麵包、奶油、一罐果醬、一個煮蛋、一個可頌，大可頌的形狀有點偏離正軌，但一看就知道是手工捏造，每個外形可能都不一樣，我必須承認，那個酥脆恰到好處的可頌收買了我的心，若再回維也納，中央咖啡館的可頌絕對是一大理由。

享受古典樂章氛圍——莫札特咖啡館

　　莫札特咖啡館（Café Mozart）剛好在我住的薩哈大飯店隔壁，我決定循維也納的生活模式到咖啡館吃早餐，第一個早餐即到莫札特咖啡館。

　　我點了全套的維也納早餐，包括咖啡、奶油、一瓶果醬、火腿起士盤、一個水煮蛋、一杯橘子汁、兩個麵包，這份完美的早餐讓我元氣大增。在維也納知名咖啡館的水煮蛋，是展現技藝的招牌，必須煮到 1/3 熟，敲開蛋殼上方，伸入小匙時，除了蛋白水嫩，蛋黃內在必須有一部分還是水嫩的才夠格，莫札特咖啡館的水煮蛋顯然也是招牌。

　　此外，最驕傲的甜點之一是千層蘋果派，配上一杯布滿奶油及奶泡的咖啡，這是造訪維也納咖啡館的獨特享受；玻璃櫃內布滿各式甜品，趕緊移開視線，否則又要淪陷了。

　　在莫札特逝世後 3 年，也就是 1794 年，此地即開了一家小型咖啡館，當時屬畢德麥爾時期（Biedermeier Period），很多藝術家、作家、演員們在此聚會，形成一股風尚。可惜時隔 6 年，在 1882 年建物拆除，直至 1929 年才在原址重新興建了莫札特咖啡館，當時莫札特紀念碑就矗立在咖啡館前，之後，冠蓋雲集，再度成為藝術家們聚會及汲取靈感之所在。劇作家格雷安·葛林（Graham Green）最有名的劇作之一《黑獄亡魂》（The Third Man）即在此地催生，音樂家安東·卡拉茲（Anton Karas）亦為電影編撰了配樂《莫札特咖啡華爾滋》（Café Mozart Waltz）。

　　室內古典裝潢的胡桃木壁窗、屏風，以及牆面、家具，道出細緻的優雅，室內雖然不是很大，但室外廣場，三個大大的彩色帳頂，夜晚發出迷人的光彩，是夏日用餐、喝酒的首選之地。

　　維也納的咖啡館供應無數不同組合的咖啡，光莫札特咖啡館就有 18 種之多，你可以自由選擇一般或低咖啡因咖啡，搭配全脂或脫脂牛奶，且每杯咖啡旁邊附上一杯水，也是傳統。我最驚奇的是，莫札特咖啡館也供應銅壺杯煮的土耳其咖啡；同時在熱巧克力方面，也有 5 種，做為莫札特咖啡館不能缺少的獨特招牌，是一款名為「莫札特巧克力」的熱巧克力，是在熱巧克力淋上綠色的開心果仁醬，成為一大特色。

五星級的優雅咖啡館──帝國咖啡館

　　同樣位於環城大道上，最優雅的咖啡館非帝國咖啡館（Café Imperial）莫屬，五星級帝國大飯店所經營的咖啡館，自從 1873 年開張以來，已超過 150 年歷史，帝國大飯店是維也納的頂級飯店之一，它的豪華氣勢，也反映在咖啡館內。

　　由於帝國大飯店正位居維也納音樂協會（Musikverein）前鄰，成為許多音樂愛好者聚集地之一，而高貴雅緻的用餐環境、美味的餐點甜品，也搏得很多藝術家以及思想家的青睞，當年心理學家佛洛伊德（Sigmund Freud）及音樂家布魯克納（Anton Bruckner）也常在此汲取靈感。

　　帝國咖啡館在帝國大飯店 1 樓右側轉角處，外牆棗紅鑲金的招牌、金色的廊柱，顯出了帝國的貴氣，低矮的圍籬，細緻地隔開街道與咖啡的露天開放區，圍籬的花叢與白球燈飾相映成趣，此處也是咖啡館的入口。

　　此外，若由帝國大飯店大門入內，頓時會被氣勢宏偉高聳的大廳、多層華美的閃亮水晶燈吸引，拾級而上的紅地毯，映著無處不在的水晶光，十足的帝國宮廷風。

　　走進帝國咖啡館，它有兩個截然不同風格的廳。前面的牆上，掛著色彩豔麗的現代風格油畫，有著格子圖形的不同組合，與天花板長方幾何圖形的現代吸燈相互輝映，想必是設計師的巧思；另幅大型鬱金香，大器的畫作前面擺著三盆小小綠栽，別具趣味。進入裡面另一廳，則是全然古典的家飾，然而，天花板頂燈卻配上現代

化的幅射造型，周圍玻璃映照，十分搶眼；中間銀雕橢圓大盆，紫紅蝴蝶蘭嬌豔欲滴，我發現帝國大飯店及咖啡廳處處可見蘭花，是我在維也納發現最愛蝴蝶蘭的地方。

　　帝國咖啡館提供奧地利傳統餐，舉凡各種湯品、維也納炸肉排、清燉牛肉等都是超水準餐點；甜點方面，他們對自己的蘋果卷極為自豪，而最為推崇的當然是自家招牌——帝國蛋糕（Imperial Torte），帝國蛋糕在薩哈大飯店與戴麥爾的甜蜜戰爭中，也漁翁得利地分食大餅，推出自家帝國大蛋糕，甜蜜口味，層次分明，加上精美的包裝，搏得許多人的喜愛。帝國的招牌也金光閃閃呢！

　　我在帝國飯店咖啡館喝著卡布奇諾咖啡，搭配杏仁脆餅派，上下足足有十二層之多，最上面的糖霜紋著巧克力，殊為好看，一口咬下酥脆，糖霜融入舌尖，真叫甜入心底，這就是維也納的甜點，不甜不要錢。

03

音樂之都
賞心樂

如果在奧地利不吃甜點是種「罪惡」，那到了維也納，倘若沒聽場音樂會，或看場歌劇，就好像沒到過維也納。

維也納一年到頭，都有國際知名的音樂活動，在5～6月的維也納藝術節，為期5週，是國際的藝術饗宴，涵蓋歌劇、音樂會、音樂劇等，無論古典與現代都有精采的表演。

吸引無數樂迷的金色大廳

到了冬季，傳統的「維也納新年音樂會」在維也納音樂協會大樓（Musikverein）的音樂大廳舉行，自從 1939 年開始至今，已超過 85 年歷史，由維也納愛樂管弦樂團（Wiener Philharmoniker）擔綱演出，不僅是奧地利的年度盛會，每年更有超過 80 個國家同步轉播，共襄盛舉。

音樂協會大樓的文藝復興式建築及華美的表演大廳，吸引著無數樂迷，最大的廳可容納 2,000 名觀眾，因包廂是由塗上金箔的 18 根柱子支撐，故有「金色大廳（Goldener Saal）」之稱，劇院屋頂繪有阿波羅和繆斯女神像，非常美麗，是世界上最著名的音樂廳之一。

追溯維也納音樂之友（Friend of Music）協會，它成立於 1812 年，從 1831 年開始，在維也納組織音樂會，但初期使用的音樂廳，只能容納 700 餘名觀眾，完全不敷使用。

到了 1863 年，法蘭茲‧約瑟夫一世國王使用建設戒指路（即後來完成的環城大道）的資金，在維也納河附近為該協會建造一個音樂廳，可見一位君王或領導者對於藝術文化的遠見，將為後世留下永恆的資產。

建築設計由新古典主義建築師特奧費爾‧翰森完成，音樂廳設計成一個大廳和一個小廳，分別供交響樂和室內樂使用。1870 年 1 月 6 日，音樂廳正式啟用，大獲好評，觀眾及媒體界對金色大廳出色的音響效果讚嘆不已，隨即聲名遠播世界各地；專為小型室內演奏的小廳也頗獲佳評，1937 年命名為「布拉姆斯廳」。到了 2004 年，在地下擴建了四個使用現代技術的小廳，分別為玻璃廳、金屬廳、石頭廳、木頭廳，用在樂團排練、小型演出、舉辦會議等等。

金色大廳之所以被譽為世界最佳的音樂廳之一，每年傳統的 1 月 1 日新年音樂

會，將金色大廳金碧輝煌的裝飾及無與倫比的音響效果，經由電視轉播，展現在全世界觀眾面前。自 1939 年第一屆新年音樂會，後因戰爭中斷，直至 1959 年重新恢復後至今，成為世界各角落愛樂者在新年的心靈饗宴。

最不可思議的是，當年金色大廳建造時，尚未有成熟的「建築聲學」研究，建築師特奧費爾‧翰森的設計，直到多年後才系統地得以科學解釋。在今日看來，他的「長方形鞋盒」設計具有理想的比例，在此基礎之架構，天花板上的花格鑲板，以及數量眾多的女神像柱等等建築元素，進一步延長了混響時間，長達 2 秒。舞台木製地板下控室的空間，增強了聲音共振之效果，懸於屋架上的天花板也起到同樣的作用。聽眾無論坐在遠近高低，都能享受同樣水準效果的音樂演出。

仰望天花板，奧古斯特‧艾森門爾繪製的阿波羅和九位繆斯女神正向你微笑招手，藍色的背景與金色大廳成為強烈的對比，真是令人折服。

每次造訪維也納，總要前往金廳欣賞音樂禮讚一番，買到的票大半在中前端。

2023 年 10 月，我帶領 20 位好友訪奧地利 15 天，回國前夕，最重要的是金廳音樂會巡禮。這團團員有一半都是指揮或合唱團團友，還有昔日台灣省立交響樂團及中廣合唱團指揮陳老師和他當年的學生，如今也是音樂界指揮為人師表者。有趣的是，我們被安排在第一排及 2 樓，仰視表演的歌劇演唱家是非常有趣的經驗，這些較為輕鬆而非太嚴肅的音樂曲目演出，帶來無比的樂趣；近距離的表情互動，甚至帥氣的演出者俏皮的向你眨眼睛，都讓人心醉不已，永難忘懷的金廳第一排體驗。

下回到維也納，別忘了到金廳朝聖一番。

維也納國立歌劇院（**Wiener Staatsoper**）

　　第一次到維也納國立歌劇院觀賞歌劇托斯卡，已經將近 30 年前了。當年我代理的北歐丹麥國際管理訓練機構 TMI（Time Manager International）在維也納開國際會議，理所當然安排歌劇觀賞。猶記得中場休息時，在休息區總裁請喝香檳，各國同事們舉杯互祝，好不開心；節目結束散場後，熱情的維也納同事帶我們到隔壁薩哈大飯店的薩哈咖啡館，他說：「沒到維也納歌劇院看歌劇，等於沒到過維也納，有一樣甜點沒吃也不能離開維也納，那就是鼎鼎有名的薩哈蛋糕。」那時將近晚上 11 點了，真把我嚇一跳：「半夜吃甜點？有沒搞錯？」就得吃，那是我第一次吃薩哈蛋糕，如今回憶起來歷歷在目，然而幾許傷感襲來，昔日老友已多位殞逝，不勝懷念。

　　維也納國立歌劇院是維也納環城大道上的第一座主要建築，建於 1861 年至 1869 年完成，由建築師奧古斯特·西卡德·馮·西卡德斯堡、愛德華·范德努爾等設計，約瑟夫·赫拉夫卡承建，成為擁有 1709 個座位及 567 個站位的文藝復興建築。

　　最初歌劇院是由皇帝法蘭茲·約瑟夫一世及皇后伊麗莎白命名為「維也納宮廷歌劇院」，然後在 1921 年奧地利第一共和國成立後，改為現在的名字，意謂更加平民化。

　　在 1869 年 5 月 25 日，歌劇院首演的劇碼是莫札特的「唐·喬凡尼（Don Giovanni）」，可惜的是，在第二次世界大戰中，奧地利與德國同屬協約國，被同盟國敵軍轟炸，歌劇院除了舞台被炸，整棟建築也在 1945 年 3 月 12 日完全燒毀。由於此地對維也納人的深切意義，戰後優先積極籌資重建，終於在 1955 年 11 月 5 日再度重現舞台，演出貝多芬的「費德里奧（Fidelio）」歌劇，由卡爾·伯姆指揮。

歐洲最富盛名的維也納國家歌劇院舞會（Wiener Opernball）

目前，該歌劇院是維也納愛樂樂團及維也納國家芭蕾舞團的所在地，每年除了演出歌劇及芭蕾舞劇，在狂歡節期間，經常舉辦「維也納歌劇院舞會」，其中最有名的是每年度2月的舞會。

這舞會首次舉辦於1877年奧匈帝國時代，每年2月聖輝星期三之前的星期四都盛大舉辦，當時舞會由奧匈帝國皇帝來主持，1918年帝國解體後，成為國家元首的奧地利共和國聯邦總統，成了舞會的主持人。

二次世界大戰期間，1945年3月因同盟國軍隊轟炸，歌劇院全毀，每年一度的舞會因此中斷，二戰結束10年後，歌劇院經過重建，作為戰後復興的象徵，自1956年開始，歌劇院舞會重新恢復，直至2021年。2022年因Covid 19疫情嚴重，停辦2年，近期回復舞會盛況是2023年至今。

歌劇院舞會傳統上是舊貴族、有身份地位者、外交官等上層社會及其子女們社交聚會的象徵，也是青年男女相識結緣的場所。對於舊貴族是會員制，每年從選出的舊貴族經過抽籤，並根據貴族族譜將入場券分發給其後代，一般人無緣參與。

最近幾年，歌劇院舞會的參與標準逐漸放開，一般人通過審查也可以參加。但

知名演唱家的表演©Jing Xu

外交官朋友的帥哥兒子Simon及他的舞伴
©Jing Xu

審查條件極為嚴格，對於參與者，除了身高、容貌、語言能力等條件之外，還必須通曉社交禮儀。年齡在 17 歲至 24 歲之間的青年男女，通過選拔，有機會成為 150 對初登場者（debutante）之一。這樣的機會，一生只有一次，因此，歌劇院舞會仍具有男女結緣的意味。

今年 2024 年，是非常令人興奮的一年，因為我的奧地利外交官好友的帥哥兒子 18 歲了，被選為 150 對之一的初登場者，這是極為榮耀的成年禮，父母都欣喜萬分。我們看到現場入場影片中，出現這熟識的俊俏青年，以及美妙的舞姿，真是開心不已。

這 150 對紳士淑女，還要經過嚴格的入場訓練、舞蹈練習，舞會前持續 21 小時的綵排，群策群力、整齊畫一，才能呈現優雅的全貌。

服裝也是嚴格遵循傳統與國際禮儀，男士身著全黑燕尾服、白色蝴蝶領結、白手套。女士身著純白舞會禮服及晚會白手套。隨著年代變遷，服飾風潮或許有所變化，然而，作為女性初登場者，白色長手套及王冠是必須物件，絕不可少。服飾由參與者自備，王冠則由主辦者事先送到美容院，再由美容院佩戴到女性參與者頭上。

舞會開始首先由維也納國家芭蕾舞團的舞蹈家們，在約翰・史特勞斯的舞曲伴奏下，翩翩起舞，之後，由男女歌唱家或歌劇演唱家登場演唱，晚上 10 點開始，

2024 年舞會的初登場仕女們 ©Jing Xu

我的好友，美麗的外交官夫人 Jing©Jing Xu

由 150 對青年男女組成的初登場者舞伴，以整齊畫一的腳步進行入場編隊表演及華爾滋舞蹈。之後，當小約翰史特勞斯的「藍色多瑙河」樂聲響起，6,000 多位佳賓紛紛打開香檳慶賀，並滑進舞池與 150 對青年共同起舞。舞會由電視台實況轉播，持續到翌日凌晨 5 點。

國家歌劇院舞會在疫情後重啟，由奧地利總統范德貝倫主持，在 2023 年美國女星珍芳達受邀參與盛會，十分驚訝。她說 5,000 多人共聚一堂的舞會，她沒見過，在美國也沒有；2024 年一位建築大亨請來貓王前妻普里斯萊與會，她也驚羨不已，聲稱此生首度僅見。舞會成為奧地利標竿，影響至極，如今布拉格、巴黎也爭相仿效，辦起年度大舞會了。

根據現場報導。2024 年國家歌劇院舞會共有 5,150 位參與貴賓，171 盆大型鮮花插花，高達 8 萬枝鮮花由歐洲各國運來，1,000 個香檳冰桶冰香檳。據說每年舞會結束後，所有現場裝飾物品、鮮花等，都可由參與者帶出場，會後盛況可見一斑。

Ball Season 2018 的維也納國家歌劇院舞會 ©Jing Xu

CHAPTER 3

葡萄園
的文化搖籃

獨特的地理環境
造就與眾不同的風貌

01

酒莊
之旅

奧地利葡萄酒的最大特色是多樣性，多瑙河畔溫和的白天加上涼爽的夜晚，和維也納南面的平原氣候，孕育出獨具風格的優質葡萄酒。瓦豪河谷地靈人傑，拜訪知名酒莊、享受品酒之旅是不可或缺的樂章。

瓦豪河谷的地形深受冰河時代影響，特殊的砂岩土質富含石英及雲長石等礦物元素，促使葡萄優雅果香產生，造就獨一無二的瓦豪葡萄酒。

歷史悠久的葡萄酒文化

　　奧地利的葡萄種植歷史，與羅馬帝國史緊密相連；遠自西元 50 年起，羅馬第 10 軍團在下奧地利克羅斯達諾伊堡（Klosterneuburg）設立要塞，即開始就地種植葡萄。

　　在羅馬時代，為了避免占領的地區與義大利本土的葡萄酒產生競爭，羅馬帝國圖密善大帝（Domitian，西元前 51-96）開始禁止在義大利以外的占領區種植葡萄。然而，由於帝國軍團無法保證足夠供給，這條禁令後來被羅馬帝國普羅布斯大帝（Probus，西元前 232-282）廢除，葡萄種植繼續保持。

　　在中世紀時，葡萄種植大部分由教堂或修道院管理，他們除了自己種，也會將土地租給農民耕作，到了 8、9 世紀卡爾大帝（742-814）時形成一個有趣的傳統，在酒館門上懸掛一束松樹枝，即表示酒館開始販賣酒。當時酒農每年可有三個月時間，販賣他們自製的葡萄酒。

　　直至 16 世紀時，奧地利實施進口限制及商稅額保護，奧地利葡萄種植規模達到高峰。到了 1784 年 8 月 17 日，國王約瑟夫二世（Josef ll）體恤酒農之辛苦，頒布開放沒有餐廳營業執照的酒農經營酒肆的命令，酒農可自訂價格及方式，銷售自家生產的紅酒、果子酒等。後來，自製的麵包、食品、鄉村口味的料理，也加入販售行列。這些酒莊稱為「候維格」(Heuriger)，意為葡萄酒新釀酒莊，這是奧地利獨特的酒莊，出售當年釀造的新酒，新酒販售始於 8 月底或 9 月初，直到 11 月 11 日的聖馬丁節，過了這個日期就不能販售。

源於歷史悠久的新酒酒館傳統，維也納是世界上唯一在城市範圍內擁有葡萄酒園區的首都。

格林琴（Grinzing）是維也納近郊最活躍的新酒酒莊小鎮，每到黃昏，慕名而來的觀光客與維也納森林回程的遊客，絡繹不絕，尋找門前掛著一束松枝的酒莊；酒莊「開窖（ausg'steckt is'）」時，會將一束松枝或松環固定在木棍上掛在門前，白色的細絲帶表示白葡萄酒，紅色則代表紅葡萄酒。一般新酒（Heurige）都是最近一次收成的葡萄釀製而成，銷售大約只有 14 天左右。奧地利人喜歡將葡萄酒以 1:1 比例，加入蘇打水或礦泉水中，新酒酒莊也供應未經過濾有點混濁的葡萄酒 Staubiger（雜沉酒），我還喝過未發酵或發酵中的葡萄汁 Most，當甜甜的 Most 開始發酵時就成為 Sturm，據說解油膩功能特別好，奧地利人稱它為「清腸劑」。

新酒酒莊供應很多種自製血腸、煎豬油（塗麵包）、燻烤豬肉、豬肘子、馬鈴薯沙拉，及塗上豬油的蒜香麵包等，在傳統的懷舊氛圍中，享受獨特的葡萄酒文化。

維也納葡萄酒的最大特色是多樣性，多瑙河畔溫和的白天加上涼爽的夜晚，孕育出優良的麗絲玲（Riesling）及勃根地（Burgundy），而維也納南面的潘諾釀（Pannonian）平原氣候，則適宜生產優質的紅葡萄酒。

為了創造獨具風格的維也納葡萄酒，傳統的混植（Field Blend）再度班師回朝，不同品種的葡萄被栽植在一起，然後同時收成一起混合發酵；Field Blend 與 Cuvée 所代表的混合截然不同，因為 Cuvée 混合所用的葡萄並非生長在同一土壤。Field Blend 的流行趨勢由國際葡萄酒交易之熱況可見一斑，因為它與其他葡萄酒不同，代表著維也納葡萄酒產區最具特色的酒香。

獨特經典，文化瑰寶

　　奧地利葡萄酒都是小量精品釀造，不像其他國家大規模生產，使它成為世界葡萄酒界的奇葩，享有「稀有而獨特」的聲望，在國際品酒專家及記者們的推崇下，被列入名酒清單者眾多，傳頌著「奧地利葡萄酒奇蹟」。

　　葡萄酒的釀造傳統在奧地利已延續數百年，種植葡萄成為環境、文化與日常生活不可或缺的一部分。多種葡萄是奧地利獨有，其他國家找不到，再加上近 20 年來葡萄酒釀造者們的天才與熱情，全心投入締造出超高品質的葡萄酒，他們聰明地結合傳統釀酒技術與現代釀造方法，融合成為獨特的釀酒良方，不僅滿足了品質，也獲得絕大的成功。

　　奧地利葡萄酒創造多樣的品種是另一大特色，從氣泡豐盛、清透優雅的白葡萄酒，到醇厚濃密的烈酒，從果味豐富的紅葡萄酒到陳年久藏的珍品，以及甜蜜醇香的甜葡萄酒，集和諧、優美、柔情、張力於各系，與各類美食構成完美的交響曲。

　　品嚐奧地利葡萄酒系，是人生絕美的獨特體驗。

瓦豪酒莊之旅

下奧地利州（Niederösterreich）環抱著維也納，是奧地利最大的聯邦州，該州東部屬於丘陵地帶，盛產葡萄，北部則為廣大的森林，藍色多瑙河（Blue Danube）由西向東貫穿。其中梅爾克（Melk）和克林姆斯（Krems）之間的 35 公里多瑙河谷被稱為瓦豪（Wachau）河谷，是多瑙河最美麗的一段，沿途充滿葡萄莊園，古色古香的修道院、教堂、城堡，宛如一幅幅名畫在眼前飄移。此古典浪漫之境，在 1998 年，被聯合國教科文組織（UNESCO）列入世界文化遺產之列。

在此區多瑙河畔，一處名為 Willendorf 的小村莊，挖出一具小小的女性石雕像，此雕像由考古學家證實出自二萬五千年前，也道出了自石器時代初期，人類已在此定居的史實。而瓦豪地區種植葡萄的歷史，則遠溯自羅馬時代；在中世紀初期，國王恩賜葡萄園給巴伐利亞（Bavaria）的修道院，修道院種植葡萄、釀葡萄酒，有些土地則租給農民；葡萄酒除了自用，也成為修道院的財源，當時葡萄酒及啤酒被視為營養補給的來源，修士們每天允許喝 1 升的葡萄酒及 2 升的啤酒。

瓦豪河谷地靈人傑，孕育出無數製酒奇才，拜訪知名酒莊、享受品酒之旅是不可或缺的樂章。

瓦豪葡萄酒的品質核心價值

瓦豪河谷的地形，深受冰河時代的影響，冰河消融的流水侵蝕，造就一層層相疊而上的樓梯岩層，特殊的砂岩土質富含石英及雲長石等礦物元素，促使葡萄優雅的特質果香催生，造就獨一無二的瓦豪葡萄酒，而以原始岩石堆疊的葡萄園石壁，與拾級而上層層的梯田葡萄園，也成為瓦豪河谷的特殊景觀。

瓦豪葡萄酒是純天然的產品，代表著地區原創精神與獨特風格，使當地酒農引以為傲。瓦豪宣言（Codex Wachau）提出 6 大保證：

1 最嚴格的原產地保證：瓦豪地區的葡萄酒，確保全部材料採自瓦豪的葡萄園，並在本地裝瓶。此外，瓦豪的高品質葡萄酒絕不以桶裝賣到外地。

2 絕無添加劑：瓦豪葡萄酒絕不添加任何添加劑，意即所有瓶中的酒全部是獨自自然熟成發酵，所有的甜分來自原來的葡萄。瓦豪的 3 種品牌如「Steinfeder」、「Federspiel」及「Smaragd」皆如此。

3 絕無人工加工作業：葡萄栽種者絕不用任何人工加工作業在採收的葡萄上，意謂著葡萄由其自然組合，不使用其他機械或技巧，如真空蒸餾，或葡萄冰凍法等。

④ 絕無添加香氣：保證絕無添加任何香氣，意謂葡萄農不可干擾所有葡萄酒的香氣結構，絕對禁止添加任何粉狀、液狀或其他形式的香氣。

⑤ 絕對禁止分餾法：瓦豪葡萄酒保證維護自然，絕不分餾，儘管外國的酒允許分解自家葡萄酒混入組合，或重新組合，但瓦豪葡萄酒界視此技術為違反自然的行為，而予以禁止。

⑥ 百分之百天然：瓦豪葡萄農放棄很多運用在現代葡萄酒生意的可能性，他們不願操縱自然，現今，所有葡萄在晚秋時以手工摘取收成，等待葡萄自然成熟的同時，也承擔了非常大的風險。

瓦豪地區的葡萄酒依其不同品種風味，分成 3 種形象品牌。

Steinfeder 是一種長在瓦豪的葡萄園附近，白色如輕羽毛的植物，此種標幟的酒，充滿輕盈迷人的果香味，酒精成分為 11.5%，是最為清爽的葡萄酒，就如同 Steinfeder 一樣輕柔迷人。

Federspiel 是昔日瓦豪地區貴族狩獵的獵鷹，此品牌的酒有強烈、豐富的性格，較為辛辣，酒精含量為 11.5 ～ 12.5%，就如同它的標幟獵鷹一樣。

Smaragd 如翡翠的綠蜥蜴，生長在瓦豪的葡萄園中，當陽光普照時，它在葡萄藤上與之爭輝、閃閃發亮，真是美極了。如同代表瓦豪葡萄酒的最高、最佳品牌，使之推向國際舞臺，它的酒精含量為 12.5%。

多梅內瓦豪酒莊

多梅內瓦豪（Domäne Wachau）酒莊創立於 1938 年，總部設於杜倫斯坦
（Dürnstein）；創立此類似合作社的獨立公司，目的在於協助會員們生產優質的葡萄酒，促銷到市場上。

250 位種植葡萄的會員，大約廣布 440 公畝的土地，約占瓦豪地區的三分之一，公司提供每期 3 年的契作合約給農夫，且每年以當年度葡萄最高價格收購，只有收購契農的葡萄。公司由會員中選出主席及委員會成員，以領導公司的策略、方向，總經理則負責營運。

440 公畝的葡萄園，每年出品約 250 萬瓶 0.75 公升的葡萄酒，大約 25% 銷售到奧地利零售商，20% 到了餐廳及特別商店，45% 則為外銷，其他的 5% 在酒窖展示銷售，一部分直接出口到德國。

多梅內瓦豪酒莊專注在白葡萄酒，只有 6% 是紅葡萄酒，這也是酒莊的特色；其中 66% 出產 Grüner Veltliner（綠菲特麗娜），此酒呈現果香融合辣椒的些許辛辣，是此酒莊引以為傲的特色酒，也是瓦豪區的特產。Riesling（麗絲玲）是國際品種，但在瓦豪特殊氣候下，呈現獨特的性格、結構與香氣，是無法在別的國家感受到的。Neuburger（紐伯格）則是瓦豪在地土生土長的葡萄品種，唯有靠近史匹茲的葡萄園最能表現其獨特風格。除了以上 3 種主要產品之外，多梅內瓦豪酒莊還珍藏有特別的寶貝：源自 1947 年的老酒，在大約 10 ℃的溫度及高溼度的酒窖中，貯藏著包括 Grüner Veltliner、Riesling 及 Neuburger 的陳年美酒。

其實，在到達多梅內瓦豪酒莊之時，最吸引我注意的是前庭的葡萄園守護神及山泉飲水器，自然山泉清甜無比。寬大明亮的販賣展示間，除了各種酒之外，也販售瓦豪地區特產的巧克力、杏桃醬、杏桃汁、杏桃白蘭地等產品。可容納 120 人的會議室則做為酒會、品酒活動之用。他們為訪客提供酒窖導覽、品酒，以及量身訂做的酒知識演講等各種活動。

提到酒窖，在後山葡萄園環抱的酒窖古堡，可是瓦豪地區最為吸睛的地標之一。這棟黃色的巴洛克建築，由兩側美麗的玫瑰花園長徑引導，在微風豔陽之下，多麼優雅自在。陽臺上的石雕，望著周遭的葡萄園微笑著。

這棟建築原為昔日 Dürnstein Abbey 修道院院長 Hieronymus Ubelbacher 的住所，院長投入全部的熱情在瓦豪葡萄酒，也因其歷史背景，此建築接待過許多名人。

建築物在 2006 年內部全面整修翻新，所有細節都與瓦豪知名葡萄酒有關，2 樓

的大廳也出租做為婚禮之用；進入地下酒窖時，彷彿回到世紀之前，冰涼的空氣透著酒香，古老的橡木桶橫在眼前，走過重重長廊，在洞壁上已生鏽的古老電話，彷彿在訴說著百年的傳說，身染塵土的百年老酒，令人愛不釋手，1717年，我在哪裡啊！

　　彷彿神遊，回到現代，窖壁出現總經理及生產經理燦爛的笑容，我要品酒去了。

在酒窖中珍藏著源自 1947 年的佳釀，是這裡的一大特色

克林姆斯酒莊

克林姆斯（Winzer Krems）種植葡萄，已有兩千年的歷史，第一次高品質的葡萄收成，早在西元 3 世紀羅馬普羅布斯大帝時期；克林姆斯酒莊「Sandgrube 13」剛好位於著名酒區的中心點，由中世紀時修士們種植的葡萄園流傳下來。如今，大約有 1,200 家契作農家，來自克林姆斯及周遭附近，種植優良的葡萄，提供克林姆斯酒莊出品頂級葡萄酒。

這合作社組織的葡萄農協會，在 1938 年 4 月 13 日成立，直到 1956 年，克林姆斯酒莊公司正式成立定名。

我到達克林姆斯酒莊時正下著雨，看到前面一列葡萄樹最前方，開著紅色的玫瑰，葡萄園每列樹前種植一叢玫瑰並非為了美觀，主要作用是保護葡萄園免於災害，如果發現玫瑰生病，那整排的葡萄樹就會發生問題，得趕快搶救。

這是個很有特殊風格的酒莊，經理首先帶我們走到左邊一間小小的石砌房屋，屋頂是片片圓形瓦砌成，這是特別保存下來昔日的獵人小屋，屋內參差不齊的石牆，以及天花板的燻黑木條，仍保留昔日的風貌，我們在那兒喝了第一杯酒；屋外堅實的石塊牆，是瓦豪區及克林姆斯葡萄園的特殊風格，石牆保護葡萄樹，並儲存日光的溫暖，使葡萄在日溫夜涼的溫和氣候下成長。

走到外頭，我們隨手摘下葡萄往嘴裡塞，經理說：「石牆說明地貌，葡萄是給訪客自由摘著試吃的。」嚐嚐葡萄製成酒前的風味，是很好的體驗首部曲。

進入陳列大廳，我為地板上全面的綠色大地圖所感動，多瑙河流域，聚光燈照射之處，即是克林姆斯酒莊，牆上陳列著石牆及各種葡萄圖片、樣板，整面牆的 Winzer Krems 大字，氣勢萬千。

克林姆斯酒莊主要生產 3 種瓦豪地區的特殊品種，包括白葡萄酒的 Grüner Veltliner 和特殊果香的 Riesling，以及富含櫻桃、莓果味的紅酒 Blauer Zweigelt。平均每年有 1/3 的產量外銷，主要為德國、美國、荷蘭、瑞士，由於多種奧地利特產的酒款在國際品酒賽中獲獎，也推動了業務蓬勃發展。

┃ 全方位品酒 8 步驟

　　稱為感官全方位的克林姆斯酒莊 8 步驟品酒之旅，令人興奮不已。

- **第一步**：了解葡萄酒的生長來源，由種植到葡萄成熟，18 種不同葡萄品種在葡萄園中實體介紹、石牆的說明，到獵人小屋中喝第一杯酒。

- **第二步**：葡萄酒產區介紹。葡萄酒是生活文化的一部分，克林姆斯及周遭環境，養成多瑙河畔這顆明珠的獨特氣質。

- **第三步**：珍貴的寶藏——葡萄酒。葡萄酒是極為珍貴的寶藏，年代越久遠，越陳越香，經驗、年歲使其成熟高貴，不斷傳頌著古老的故事，在克林姆斯酒莊古老的酒窖中，珍藏了 5 世紀的寶酒，散發著酒窖守護的精神。

- **第四步**：葡萄酒的酒窖。如同由葡萄樹到葡萄，酒窖到酒，一個孕育葡萄酒成長的所在，無論是橡木桶或現代的不鏽鋼桶，葡萄酒需要不受干擾的家，使其慢慢成熟、完美，在酒窖中享受第二杯酒吧！

- **第五步**：葡萄酒的電影。在紅色的劇院中，戴著眼鏡，觀賞 4D 的電影；無論陽

光或雨水，都是大自然給土壤的恩賜，它們協助大地創造酒的奇蹟；等到葡萄成熟，一雙雙富含愛心與經驗的手，摘取美麗的果實，這部聲光優美的電影，道出葡萄酒的生命歷程。

- **第六步**：葡萄酒的藝術。酒、藝術與人類的結合，你將獨自走過一個長廊，鋪著潔白桌巾的桌面，分別輪流投射出美食、廚房烹調、各種醬料等生活景象，最後出現兩手相觸的愛的感應，酒與你的世界緊密結合。

- **第七步**：葡萄酒與酒廊。在新設計的酒廊與起居間，你將品味另一杯麗絲玲酒，搭配瓦豪的麵包，享受無與倫比的舒暢。

- **第八步**：葡萄酒專賣店。在克林姆斯酒莊的專賣店盡情選購各種酒類吧！還有很多相關的小禮物也正等著你呢！

　　我在參觀古老的酒窖時，發現鐵拱門上方，石土牆上兩片閃閃發光的光圈，原來上面塞滿了一個個錢幣。在古老年代，進入酒窖是一件很神聖的事，傳說如果能把身上的錢幣銅板，嵌入牆上，將來必得無上福氣與錢財，哇！機會難得，我趕快掏出 1 元新臺幣塞入牆上，由於長年滲入山水，建在地底下的酒窖牆壁受到侵觸，土質變軟，輕而易舉地錢幣嵌入成功，拍照留念。酒神，請別忘了給我福氣喔！

2023 年 10 月，與我一同再訪克森姆斯酒莊的眾多好朋友們

蓮茲莫澤酒莊

蓮茲莫澤（Lenz Moser）酒莊位於接近克林姆斯的 Rohrendorf，此地早在 1040 年即被官方文件列入，與葡萄酒文化脈動息息相關。

這個非常優雅的酒莊，每年生產 1,700 萬瓶葡萄酒，年營業 4,000 萬歐元，除了在奧地利市場是領導品牌之外，30% 出口到歐洲、美國、加拿大及其他東南亞國家，是奧地利葡萄酒文化的推廣大使。

蓮茲莫澤酒莊在 1849 年正式成立，自從 1920 年以後的大事記看板，清楚地在接待大廳呈現，創辦人 Prof. Dr. h.c. Laurenz Moser 的石雕頭像也矗立在牆邊。據說莫澤博士是發明將葡萄稼接提高到人可站立採收的高度的人，使得收成時可以站著而不必彎腰剪葡萄，後來的機器收成，也方便許多。當然，瓦豪河谷的收成還是採手工，但此稼接種植法已源遠流傳，廣播各地。

不同於合作社酒莊，蓮茲莫澤是一間獨立的公司，由下奧地利及 Burgenland 周邊約 3,000 戶契作農民供應自家採收的葡萄，他們除了自製葡萄酒，也收購經輔導及品質檢測合格的葡萄酒成品，以自己的品牌出售。在現代的設備中，白葡萄酒冷

藏熟成於不鏽鋼桶中，保持其果味及香氣；紅葡萄酒則置入橡木桶封存，它的紅葡萄酒自從 1987 年開始，已全然採用有機種植葡萄釀製。它也是第一家獲得 IFS（International Food Standard）國際食品標準認證的奧地利酒莊，時為 2004 年。

在被歡迎進入大廳的第一杯香檳中，我注意到美麗的左右男女酒神雕像，立在地上、與人同高，它的雕工精緻，非常傳神。牆上掛著橢圓形酒桶蓋的 Lenz Moser 木雕刻標幟。

細細品味橡木桶雕刻

開始酒窖導覽時，除了酒窖入口精美的守護神石雕之外，最令人嘆為觀止的是一個個橡木桶栩栩如生的藝術雕刻，有歡樂酒宴的縱情、有葡萄豐收的歡愉、有家居飲酒的生活、有歷史故事的畫面，也有母子同歡的天倫，這些橡木桶，除了蓄藏葡萄金液的瑰寶之外，這些「刻劃著歷史」的木雕，已成稀世珍藏，據說蓮茲莫澤酒莊這些當年的雕刻藝術家，如今還有一位 90 多歲的老太太在世，她的一生，都奉獻在橡木桶雕刻藝術上，如今，恐怕前有古人，後無來者了。

酒窖中最迷人的，還有那鐵門深鎖，充滿塵埃，烏漆墨黑，橫躺在磚洞中的陳年老酒，個個來頭不小，價值非凡。

品酒是最後的重頭戲，這個優雅的酒莊備的是全套正統的品酒架式，桌上除了每個人的水晶杯，右手放著黑色「酒汁桶」，讓品酒客漱口酒之後吐進桶中，上置綠色大餐巾紙，面前則置放列舉 10 種酒名及顏色（0～4）、香氣（0～4）、味道（0～12），總分（0～20）的「品酒評分表」，表中間放一支原子筆。大木桌的中間，放著一籃瓦豪麵包供品酒之用。

有別於其他酒莊，蓮茲莫澤除了奧地利瓦豪特別的 Grüner Veltliner、Riesling 等

1979 年的珍貴老酒與極其生動的橡木桶雕刻

品種之外，它也出品包括 Cabernet Sauvignon（卡本內蘇維翁）、Cabernet Franc（卡本內弗朗）、Merlot（梅洛）等品種。我們在經理的解說下，從汽泡酒，到 Grüner Veltliner、Riesling 逐步體驗白葡萄酒的魅力，中間經理取來一瓶 1979 年的陳年紅酒做介紹，想不到他居然立即開瓶試喝，果真醇美無比，最後以 2 種果香味濃的甜酒收場。我們一共品了 11 種酒，真是完美的旅程。為了回饋經理的大器，我們的好友也大方地每人奉送兩瓶自己評分最高的白葡萄酒及甜酒：他本人也趁機收藏那瓶 1979 年的紅酒，根據我們的評斷，奧地利的酒雖不若法國、義大利、澳洲及其他大量生產國的名氣，但它的酒是又便宜又好，到奧地利別忘了多喝一些。

　　至今，我還得加上一句，酒莊的品酒之旅是促銷良酒的最佳時機，乾了！買了！

02

藍色多瑙河

從來沒有一個國家,像奧地利一樣,與多瑙河有如此親密的關係,在奧匈帝國全盛時期,國土境內有大約 1,300 公里長的多瑙河,因此在歷史上,奧地利被稱為「多瑙河王朝」。

風光明媚的多瑙河畔

多瑙河是歐洲僅次於伏爾加河的第二長河流，全長 2,850 公里，它起源於黑森林，終於一個寬廣的三角洲，流入黑海。途中流經多國，包括 4 國首都、10 個邦。如今，在奧地利境內約有 350 公里。

多瑙河的美麗與文化底蘊不斷地被歌頌著，一曲《藍色多瑙河》牽和著流水與兩岸文明，深入世界各地，無數的傳說自古流傳，當年皇帝、王族乘著船隻旅行河上，兩岸輝煌的城堡、宮殿見證了歷史；在 1854 年 4 月間，奧地利史上最傳奇的茜茜公主，搭乘皇船一路經由多瑙河抵達維也納，嫁入皇室，成為奧地利的皇后。

由下奧地利州的梅爾克到克林姆斯，這全長 35 公里的多瑙河段，是多瑙河最美的「瓦豪河谷」。兩岸風光明媚，葡萄園、古蹟、城堡、教堂，建構成一幅幅美麗的圖畫，在 1998 年被聯合國教科文組織評選為世界文化遺產。

暢遊藍色多瑙河最浪漫的方式，莫過於乘著河輪悠遊，多瑙河全線都有穿越不同國境的遊輪，你可以選擇在奧地利、匈牙利或德國境內上船，沿途下船觀光，有 3 天、5 天，甚至一星期的行程可供選擇，也會停靠奧地利境內包括瓦豪河段的主要景點及其他城市。

若要觀賞瓦豪河谷的風光，乘坐瓦豪河谷遊船是絕不可錯過的體驗，最菁華的行程為梅爾克往克林姆斯順流而下，只要 1 小時 40 分鐘；或克林姆斯往梅爾克逆流而上，需要 2 小時 40 分，沿岸各城鎮，都有碼頭可上下船，對於遊客參訪各小鎮，非常舒適方便，悠閒自在。

船上沿途解說非常貼心，除了德文、英文、日文，還有中文廣播說明，船上設備齊全，飲品咖啡一應俱全。我在船上，適逢午餐時刻，點了奧地利名菜煎餅湯及河鱒魚，廚師手藝十分高明，令人喜出望外。

早年多瑙河兩岸來往，全部是船來船去，你會發現河上完全沒有橋梁，為了維護此天然美景，直至今日，他們仍然維護此傳統。為了確保兩岸來往船隻不被水流沖至偏離航道，而在重要的航行地點兩岸架設鋼纜站，以鋼纜勾住穿越的船隻，順纜往來，也成為多瑙河的特殊景觀。

令人魂牽夢縈的克林姆斯

我第一次到克林姆斯是由維也納的法蘭茲‧約瑟夫（Wien Franz-Josets-Bahnhof）車站搭乘 ÖBB 火車到克林姆斯，費時 1 小時 3 分鐘，沿途田園風光明媚，越接近瓦豪河谷區，越發充滿好奇的興奮。

2015 年秋天再訪奧地利，為參訪克林姆斯酒莊，我們駕車由維也納出發，在蓮茲莫澤酒莊品完 11 種酒之後，決定到知名的 Gasthaus Jell 吃晚餐。這家傳統奧地利菜的百年餐廳，提供奧地利知名的餐點，我們一群臺灣朋友在這兒吃到了生平最好吃的炸豬肝，而瓦豪有名的泡芙蛋糕佐香草醬是此餐廳的招牌。我的奧地利好友 Gabriele 說，好多年前她表姊結婚時在此宴請親友，留下了美好回憶，想不到又回來了。

克林姆斯位於多瑙河北岸，是瓦豪著名的酒鄉，緊鄰著它的雙子城斯坦（Stein），小城城區是中歐保存最完整的舊城，哥德式教堂、13 世紀留存的老城堡，穿過城門下的通道，即進入琳瑯滿目的熱鬧街道。

走在石塊砌成的道路上，兩側販賣奧地利傳統服飾的店家、手工皮包、皮鞋店，吸引著旅人的目光，Gabriele 為她女兒買了一套桃紅色的奧地利童裝；小城街上，新釀酒酒莊、餐廳，在夏季時分，遊客穿梭來回，盡情品味多瑙河香醇的佳釀。

瓦豪遊船的中間站——史匹茲

　　2015 年夏天，我由杜倫斯坦搭船前往史匹茲，訪問知名酒莊多梅內，途經魏森基興（Weißenkirchen）。在甲板上，眾多洋人中，出現了兩對中國夫妻，在海外見到同族同種總是特別親切，他們知道我是臺灣作家熱情地合照，人生何處不相逢，相逢何必曾相識，雖是過客，或許「一生一會」，然而，把握當下的美麗片刻，總是歡笑的回憶。

　　欣賞沿岸的葡萄園風光、山上的古堡、美輪美奐的教堂，兩側紅瓦白牆的小屋，在綠油油的山林，無雲藍天的映照下，閃閃發光的河水，彷彿吟唱著《藍色多瑙河》。雖然多瑙河的水並非藍色，然而，我的心卻如「天天天藍，叫我不想它也難」。

　　到了魏森基興這個美麗的小鎮，有些人下船準備在此嬉遊，另一批旅客也上船來。當拍下眼前紅頂教堂的剎那，內心深受感動，鐘上指著 11:30，它日日不息地

望著多瑙河的流水，聞著葡萄的酒香，百年過了，另一個世紀啟動了，可愛的傳承，守護著大地。

　　史匹茲附近種植了很多果樹，山坡上的梯田一層層種著葡萄，年度收成最好時可達 56,000 公升的葡萄酒；杏桃也是此地重要的農產，釀成杏桃酒，或製成杏桃果醬、杏桃汁，行銷全國，並有部分外銷。

　　我在史匹茲下船，揮手道別；碼頭邊一對年輕男女騎著協力車，騎腳踏車沿多瑙河旁遊覽，是非常方便的健康旅遊方式，常有成群結隊的旅客，享受悠閒的自在。

　　由杜倫斯坦到史匹茲，行船 1 小時 5 分鐘，船班十分準時，此刻已近 12 點，多瑙河觀光局的友人安排我到有 150 年歷史的 Gasthaus Prankl 餐廳用餐。這家自從 1866 年即守望著多瑙河的餐館，有著優雅的氣質，提供的夏日絕佳飲品，當然是加了汽泡礦泉水的清涼杏桃汁，應景湯品杏桃湯也非喝不可。我對於我的主菜小牛肉搭香草馬鈴薯泥滿意得不得了，而我的在地友人以杏桃麵糰子當主餐，兩個拳頭大的麵糰，淋上美味的杏桃醬汁及細糖粉，在夏天時，當地人也迫不及待想品嚐，過了夏季，就只好等待來年了。

03

史匹茲
船博物館

史匹茲船博物館座落在一片美麗的樹林中，建築物經過多次重建整修，到 18 世紀時，此巴洛克晚期的風貌於焉形成至今。

13 世紀下半葉，史匹茲船博物館（Shipping Museum）是下奧地利的修道院，也是酒莊，及修士們夏天的居所；在 1627 年代，一年 60 萬公升的葡萄酒，由此運送到巴伐利亞地區，是很重要的葡萄酒產區。

完整呈現多瑙河運輸全貌

1975 年，上多瑙河地區在整地時，挖出了一具船隻的殘骸，這是至今發現最老的木船，此船於 1810 年沉沒，可能由於結構不夠堅實及承載超重而沉沒，原來的船身部分被陳列在博物館中。

多瑙河昔日承擔著重要的雙向運輸功能，船隻載運民生物資、岩石（如建教堂的大理石）、鋼鐵、木料、鹽（當時稱之為白色黃金）、酒、水果、蔬菜等。

比起馬車，木船能夠承受大量沉重的物品，而當時沒有平路，馬車行駛在跌跌撞撞凹凸不平的石頭路上，十分辛苦。然而，在多瑙河的木船順流而下時，在河中往往碰到巨石或漩渦湍流，在 1850 年開始這項運輸作業時，還是非常危險的旅程。白天以長槳划行，到了夜晚，必須停下來等待明日，船家以巨錨及重鏈使船緩下來休息。

逆流而上的船行更為辛苦，只能運用大批人力、馬匹及機械設備拖行，馬兒們順著河岸邊簡單的小徑前行。若是大型船隊，有時需動用到 60 匹馬，馬隊指揮官騎著馬在最前方領導，看路況決定如何行走，粗繩則綁在船邊，使船槳能離開河岸

邊，順利前行；若是小型船隻，因離水面較近，必須注意讓粗繩保持乾燥，不能浸入水中。情況良好時，逆流而上的船隊一天可行船 20 公里；若碰到困難，整個船隊及岸邊的協作人員、馬匹、動物、裝備，全部必須越河到另外一邊，這項浩大工程有時會耗盡一整天；龐大的船隊動輒 400 ～ 500 公尺長，「勞師動眾」尚不足以形容，所以當年的運輸成本是非常驚人的。

在 18 世紀時，從維也納到德國南部的帕索（Passau），少說也要 3 ～ 5 週，而由匈牙利的布達佩斯（Budapest）到德國的雷根斯堡（Regensburg）也要 12 ～ 14 週。

博物館中，以縮小比例模型，完整地呈現了當年船隊、馬隊的壯觀景象，我們才真正了解多瑙河運輸文明的全貌。牽引船隻的粗大繩索是由一小股一小股旋轉製成，再由多條較大股粗繩，旋成直徑約3.5吋的粗繩，當年製繩的機器、方法，也在博物館中展現。

多瑙河的船隻主要是運送物資，它有超大的容量，一艘 20 公尺長的船，順流時可載送 15 公噸的貨物。船身採平底，前後、兩側微向外上揚，船桅則以單一樹幹雕成形，堅硬的針樅木（Spruce）是造船的原木，工匠們以特別手藝使其入水更加緊密。

一架精美的活動式風琴陳列在 2 樓廳中，如果航行途中碰到特殊節日，這座在 1697 年製造的風琴，會由 4 位船夫抬出，在 4 個祭壇前演奏，此刻，船會停下來供人們祈禱。這架價值不斐的風琴至今仍然完好，在每年的特別音樂會時，彈奏以饗觀眾。

皇家御船

　　在多瑙河，買賣交易強力地掌控在船東家（Shipmasters）的手裡，他們是獨立的商人。其中最為成功的一位船東家為馬締阿斯‧費爾姆勒（Matthias Feldmüller, 1770-1850），被皇家授以「多瑙河之光」，以表彰其船隊支持對抗拿破崙戰役的重大貢獻。他擁有 350 匹馬、1200 艘船，財富驚人。一般的船東家都極為富有，而船夫們卻極貧窮但很真誠老實，他們行船卻不會游泳，這是古代為防止船夫逃脫的技倆，聽來令人心酸。

　　皇家御船除了美輪美奐、講究舒適之外，也是展現權力及財富的表徵，約瑟夫二世（Josef 11, 1780-1792）是非常開明的君主，他就利用出訪康士坦丁的多瑙河旅程，藉此機會命工程人員繪製下多瑙河地圖，因為由多瑙河下到黑海的貿易路線，提供奧地利年輕工業極佳的契機。

　　瑪麗亞‧泰瑞莎女王（Empress Maria Theresa）的御船於 1768 年建造完成，當時因土耳其帝國野心勃勃，戰爭一觸即發；此船由瑞典造船師建造，他擅長深海船卻不熟河船的製造，因而此船壽命不長；然因造型精美，這個 1：20 的模型，還在 2000 年倫敦國際船隻模型賽中得到金牌獎。原尺寸的船首雕像展示在博物館中，獅首及皇家圖徽氣勢非凡；然而，我最佩服模型師的「幽默」，在船頭雕像的後面，有一位光著屁股，悠哉悠哉坐在馬桶上，享受解放之樂的士兵，令人莞爾，說不定，評審欣賞此等有趣的畫面而給予金獎呢！

杜倫斯坦古意盎然

在瓦豪河谷的美麗畫面中，群山環繞綠意盎然，藍色的巴洛克式修道院在一片紅色屋瓦襯托下，脫穎而出，遠方山丘上的中世紀古堡，更顯神祕。這座曾囚禁人質的古堡，因對象是英王獅心王理查（Richard the Lion-Hearted）而更加引人注目。

話說在 1193 年時，獅心王理查正從第三次十字軍東征之途中返回，因為奧地利公爵巴登堡的利奧波德五世 （Leopold V. Duke of Austria）和英格蘭國王之間結怨甚深，他終於在維也納附近被捕，隨即押送至杜倫斯坦山上的特里斐爾絲古堡（Trifels Castle）囚禁，三個月後，英國只好付了巨額贖金，將理查國王贖回，結束可憐的人質生活。

杜倫斯坦的地形長而狹窄，介於多瑙河與群山林中間，是昔日多瑙河運輸重要的口岸。在 1019 年時皇帝亨利一世（Emperor Henry I）策略性地賜給太格恩希修道院（Tegernsee Abbey），直到 1347 年 9 月 1 日此城市首次出現在官方文件的紀錄中，皇帝斐德烈三世（Emperor Friedrich III）在 1476 年 4 月 26 日正式給予城市自治權，發展至今，於 1997 年時，杜倫斯坦盛大慶祝建城 650 週年。

散步其中，彷彿走入時光隧道

2015 年夏天，我應邀到杜倫斯坦參訪多梅內瓦豪酒莊，穿過小城，深深為之著迷。走在石板路上，穿過厚厚的拱形城門，彷彿回到 800 多年前的時光隧道，那古老的斯米道（Schmidl）烘焙店自豪地寫著瓦豪原創品牌（Wachauer Label Original），瓦豪創始的圓麵包散發著濃濃的香氣，或許是午休，小路上幽靜不已，很適合我這種喜愛亂逛的行人。

突然看見指示箭頭，通往山頂當年囚禁獅心王理查的石徑，由此拾級而上，遙想著君王被困的無奈，還是自由最可貴吧！如同小酒館前赤胸露背，身著短褲的酒客，何許自在逍遙？每棟建築花影扶疏、葡萄藤繞，那鍛鐵的招牌、金色葡萄閃閃發光。百年麵包店 Schmidl 的運送車停在眼前，車身外各種麵包圖像環繞，上面展示店址、電話資訊，這美麗的車身、現代的行銷，在眾多古老石屋之中，顯得特別耀眼。

黃昏時分，小城頓時熱鬧起來，歡樂的氣息在酒館中與燭光輝映，順步走進一家酒館，熱情的酒客見到獨身女郎拍照，趕緊邀請同樂，可惜我已在獅心王理查餐廳（Richard Löwenherz 意即 Richard Lion Hearted）訂晚餐，否則真想跳進去呢！

以「獅心王理查」命名的旅館及餐廳真是大有來頭。據說 820 多年前，獅心王理查是第一位真正的客人，只是無法想像當初「被捕入住的『人質客人』」是何心境；不過，我們今日仍可以享受最美麗的多瑙河景，瓦豪河谷的靈魂、溫和的氣候，

陽光閃耀的葡萄園，依舊保留著原本的風範。

由 Thiery 家族經營的獅心王理查旅館及餐廳，自 1884 年至今，已是第三代，他們發揮迎接皇家的精神歡迎今日的賓客。

我到了面對多瑙河的餐廳花園，夜幕緩緩籠罩著多瑙河，園中輕風吹著綠葉，夾著酒香細語，遠方點點燈光越夜越明，皎潔的月光在藍天閃耀。我喝著香檳，淺黃的奶油泡沫蘑菇湯，中央那捲曲的小豆苗，如許可人；烤春雞配炸麵糰子，與月神遙遙相望，我拿起瓦豪的麗絲玲白葡萄酒，望著明月，乾了吧！

多瑙河遊船經過杜倫斯坦，那座藍色聳立於岸邊的修道院（Dürnstein Abbey - Stift Dürnstein）是顆閃亮的明珠，修道院於 1410 年由 Canon Regular 興建，到了 1710 年重建為今日的巴洛克風格。修道院中的教堂，雕工精細、金碧輝煌，我喜歡在教堂靜坐片刻、憑弔深思，享受心靈的寧靜，緩緩拾級而上 2 樓，走到弧形陽臺，亮眼的多瑙河，潺潺水流、清涼沁心，藍色的修道院優雅地迎風而立，層層立於窗門前的白色雕像，美不勝收，我屏住呼吸，生怕呼走了那股清美，透著陽臺藍色拱門、白色雕像與欄杆間縫投影，是如許美妙，在這兒飲風餐露，不醉也難。

我住的古堡杜倫斯坦（Hotel Schloss Dürnstein）旅館，就在修道院隔壁。這家五星級古堡飯店，於 1622 ～ 1630 年由 Christoph Wilhelm 建造，當時由喜好藝術的貴族 Zelking 家族擁有，在 1683 年 9 月時，當時的皇帝利奧波德一世（Emperor Leopold I）率領一小支分遣船隊，在此古堡居留期間，歡喜接收了維也納戰役打敗土耳其奧圖曼帝國的佳音，旅館的故事成為幸運的象徵。

在 1937 年，旅館第三度易手，由 Raimund Thiery 買下，他的兒子 Johann 及妻子 Rosemane 開始轉為旅館，持續整修、擴建，重新裝潢內部，然而古堡屬於文化遺產，主結構受文化法律保護不可隨意破壞，所以至今仍未能裝設冷氣空調，但因古堡石牆極厚、冬暖夏涼，即使夏天，在旅館中有著多瑙河的微風，仍不覺得悶熱；而旅館在冬天是不營運的，每年 3 月 25 日開館，直到同年 10 月 23 日休館。

現在已由國外歸國的年輕一代，創辦人的孫子 Christian Thiery 及他的妹妹 Maria Katharine 經營。Maria Katharine 說，這是她從小生長遊玩的地方，她在周遊多國之後，2003 年回到旅館，將「心」與「靈魂」投入工作，這是充滿愛的故鄉。

這是一個古色古香、精美細緻的旅館，奧地利傳統的寬條紋路，無論藍、紅沙發，都是如許古典，起居室及我喜歡的圖書室，白色的壁爐都散發著溫暖。有趣的是，我入住時在大廳櫃臺，聽到頂上的小鳥吱吱喳喳，工作人員笑著指向屋頂角落，原來小鳥在上面築巢，母鳥正在餵食她的小小寶貝呢！

旅行中，我的大旅行箱的手把鬆脫，螺絲也不見了，門房幫我提行李到房間時，我問他可否幫我修復，他請我把衣物取出，15 分鐘後他來拿箱子，雖說不敢保證，但他會想辦法。後來他來取箱子，經過了半小時，把箱子修好送回，螺絲釘居然跟原來一模一樣，我開心地給他 10 歐元做為獎賞，這個額外服務讓我開心不已。

黃昏時，旅館外下山的石牆石道及山景，十分美麗，而觀賞朝陽或落日，河畔的餐廳花園依地面高低三階分立，你永遠都可得到最好的視點。親近多瑙河，除了流動，還有更多的幽靜。

04

最美的
巴洛克建築——
梅爾克修道院

2015 年秋天，我住在瓦豪河谷小鎮 Joching，沿著多瑙河岸，漫步走到船港口魏森基興搭乘 11 點 5 分的船，上行到梅爾克，二度探訪梅爾克修道院。

從城堡改建而成的梅爾克修道院，曾一度毀於大火，但在 1702 ～ 1739 年之間，許多藝術家們努力修復，讓她成為今日最美的巴洛克建築。

金秋紅葉相映趣

　　秋天的紅、黃、綠葉交織成美麗的色彩，與沿岸紅瓦屋簷相映，自成風趣，船隻接近梅爾克時，遠方深黃的豔彩出現了。11點鐘，抵達梅爾克，前方沿著河流，層層水瀑順流而下，上方鐵橋跨過兩岸，這是瓦豪河谷的起點，從此以下到克林姆斯，即不許建橋了。

　　行走在梅爾克小鎮，彷彿穿梭在中古世紀，這座可愛的小鎮就在梅爾克修道院（Stift Melk）山腳下，不同色彩的建築、屋牆美麗的壁畫、白色雕工精美的窗框、骨董木門上存留的畫影，叫人讚嘆。忽見一家酒店，毛玻璃現出一個個大大的蘋果形狀，透出店內瓶瓶美酒景象，又是現代版的櫥窗，小店中透著清新杏桃香，原來是著名的橘色杏桃果醬與杏桃香皂，精雕的木門與小型同款信箱，也是絕配。街上咖啡小店林立，秋天此刻顯得較為冷清，夏日可是熙來攘往。

　　我沿著小徑，拾級而上，地面、階梯每階一個金色方塊，據說是用來夜間反射燭光或月光之用，以為行進者照明，中途還有「山泉小站」，天然飲水汨汨而出，供行人解渴。穿過黃色拱門，修道院到了，那橘色、紅色的樹葉，與黃柱輝映，美不勝收。

雄踞山岩的華麗修道院

　　梅爾克小鎮建立於 16 ～ 19 世紀，美麗的建築依舊保存完美，早在羅馬時代，為了防禦，即建立碉堡，在中世紀時的巴奔堡王朝時代（Babenberg），即以此為首府。直到巴奔堡王朝的利奧波德二世（Leopold II）在 1089 年，將山丘上的城堡捐給本篤會（Benedictine）的修士們，城堡從此改建為修道院，後來毀於大火。在 1702 ～ 1739 年，經由許多藝術家們的努力，不只重現昔日風采，更加發揚光大，成為今日最美的巴洛克建築。高建於岩石上，俯瞰多瑙河，巴洛克風的獨特藝術美學，征服了世人的心，這座聯合國教科文組織列為世界遺產的修道院，是奧地利最值得參訪的藝術瑰寶之一。

　　修道院中間的主建築，由兩側壯觀的棱堡環抱，南側棱堡是 1652 年建築的要塞圍牆改建，北側棱堡則是由建築大師雅格布普蘭道爾基於外觀美化而刻意增建的。

　　穿過大門口，來到大前院，遊客中心及漂亮的廁所、咖啡廳都位於此。宮殿式的東立面，頂上一個仿製的「梅爾克十字架」（梅爾克十字架為修道院的珍品）以彰顯其宏偉。

　　穿過第一庭院本篤大廳，即進入高級教士庭院，此庭院大器迷人，地面呈梯形，放眼望去，宏偉的教堂穹頂及兩旁的塔樓立於眼前，此為修道院的中軸線，中間的噴泉是於 19 世紀初從上奧地利的瓦爾德豪森鎮主教區修道院遷移到梅爾克的。

　　通過庭院西南角拱門，即上皇家階梯通往修道院側翼的接見廳及皇帝專用廳，階梯中段牆上掛著皇后瑪麗亞‧特列斯雅與皇帝法蘭茲‧斯特凡的肖像，他倆曾多次來到梅爾克修道院做客，在 196 米長的皇家通道牆壁上，還可見到從巴奔堡王朝至哈布斯堡王朝，諸多奧地利君王的畫像。

　　現在的博物館，由以前的皇家房間改成，陳列著修道院的歷史、藝術珍品。博物館很特別的分為 11 個展覽室，分別依序名為：傾心聆聽、天人合一、歷史變遷、生命之木、照照鏡子、天地融合、以理性為名、完美人生、通往未來的道路，到第 10 個展覽室，右是在一切事上光榮天主、左是山上之城，最後為運動是生命的跡象，各有神聖的意義。

濕壁畫蘊藏時代意義哲理

通過前廳到達大理石廳，這是宴會大廳，門框及門上裝飾為真正的大理石，牆體則是仿製，大廳中央地面的柵格下方，設置了繼巴洛克式供暖系統之後的熱風暖氣系統。屋頂的濕壁畫皆出自奧地利名家鮑爾・特洛格之手，由於哈布斯堡王朝喜歡在海格力斯神話形象中，將帕拉斯・雅典娜看做智慧的化身，所以濕壁畫將其畫成天使；又將韁繩當成是節制的象徵，所以畫中表達了：國家強權以智慧和節制驅逐黑暗、邪惡和野蠻，為王朝帶來光明、文明和美好，使知識和藝術之花繁茂。鮑爾・特洛格透過他的畫作，精采地表達了該時代的哲理。

梅爾克修道院的露臺有別於其他巴洛克建築，聯結兩側大理石廳、圖書館，訪客可在此觀賞教堂正面，這種布局使巴洛克造型服從於教堂建築，教堂與其宏偉的鐘樓和穹頂，在修道院整體建築中凸顯中心地位。

兩座鐘樓的中間，屹立著一座雄偉的耶穌復活雕像，兩旁各有一位天使，耶穌手持十字架，象徵痛苦和死亡。昭告世人——耶穌戰勝死亡復活了，死亡並非終結，而是重生。

露臺是觀賞多瑙河的最佳場所，梅爾克是瓦豪河谷的起點，居高臨下，一望無際，梅爾克小城紅瓦片片，教堂尖塔聳立，處處驚喜，美得無以形容。

古老又迷人的圖書館

穿過大露臺便進入圖書館，層層到頂的書架，精美得令人讚嘆，此圖書館大約藏有 10 萬卷書籍，1,200 本 9~15 世紀的手稿、600 本 17~18 世紀的手抄本、750 本古版書，中央陳列櫃陳列的是非常有趣的手抄本、古版書和斷簡殘篇。在這裡的主題是「信仰」，屋頂的濕壁畫由鮑爾·特洛格操刀，賦予祥和之氣，與大理石廳相互呼應。

門旁的木雕像表示 4 大學科：法學、哲學、醫學和神學。地球儀和天球儀出自天文學家 Vincenzo Coronelli（大約 1690 年）之手。

離開圖書館走進教堂，幾乎是驚嘆連連，莊嚴肅穆，又極盡奢華的巴洛克風格神明「接見廳」，真是不同凡響。整個教堂的構造，頂部濕壁畫的色澤，牆壁上的仿大理石及教堂走道的配色，以紅、金、橙、灰、綠，譜出色彩與神韻的交響詩，令人目眩神迷。中庭頂部的濕壁畫，出自薩爾茲堡名家約翰·米夏埃爾·羅特遠耶之手（1722 年），主題是「聖本篤的成功通天之路」。

梅爾克修道院外圍左側，是個美麗的巴洛克亭閣花園，這是昔日修士們休息的地方，憑著無限想像力，Jahann W. Bergl 以巴洛克壁畫手法，繪製園中的各種動物、植物，幽默地把毛小孩倒掛在樹葉的拱門下，嚇嚇遊客，花園中間的院落，是自助型的咖啡廳，點杯咖啡，在花園中品味，真是人間享受。

穿過樹拱門，幽靜的樹道向前蜿蜒，左側下方即為多瑙河，遠山濛濛、樹影婆娑，右轉走入號稱「天堂公園」的修道院林區，此園根據 9 世紀的藍圖，重新栽培各種林木、花草、香草及藥用植物，走在林中，猶如修行修心，平靜不已，連地上的落葉都十分迷人，在 St. Benedict's 小徑上，是冥想之地，另有「說話的石頭」（Talking Stone）、250 年的菩提樹等有靈性的所在。

我在林中悠遊神思，見到幾株身著棉繩彩衣的樹，地上各種圓形不同圖騰的五彩石盤，在天堂公園中的彩虹，似乎隨秋風飛舞，我則若天女騰霧，飄飄欲仙。

CHAPTER **4**

古典的浪漫

百年傳承 令人感動的傳統旅店

01

聖沃夫岡畔的明珠
——白馬飯店

2015 年 10 月 30 日,我二度造訪白馬飯店,這個充滿神奇色彩的羅曼蒂克飯店,真叫人目眩神迷。

這座依山傍水的百年旅館,歷經了兩次世界大戰和經濟蕭條難關,靠著年輕一輩經營者的創意理念,如今是各國旅客心中最浪漫的度假去處。

在傳統中注入新創意

　　入住白馬飯店（Im Weissen Rössl am Wolfgangsee）後，發現飯店的《每日郵報》中有一則國際扶輪社（Rotary International）的新聞，當晚 6 點他們有各社的聯誼活動。我曾為國際扶輪社員好多年，自然得前往交流交流，在那兒，我見到來自奧地利不同地區的扶輪社員，以及白馬飯店已退休的前主人 Mr. Helmut Peter 先生，也就是現任主人 Gudrun Peter 女士的父親，Mr. Helmut Peter 幽默風趣，熱情萬分。只有 3 位女士參與聚會，其他皆為紳士，他們對於國際扶輪社在臺灣的現況非常好奇，當我告訴他們臺灣有二千多個扶輪社團，其中還有不少純女性社團，他們簡直不敢相信，因為在奧地利，至今還沒有一個純女性扶輪社，近來才有部分社團開放女社員加入，臺灣的開放民主讓奧地利的紳士們驚訝，讓女士們羨慕，我們該引以為傲。

　　隨後訪問 Gudrun Peter 女士，她是 Peter 家族白馬飯店的第五代傳人，從小在飯店嬉遊長大，對此充滿熱情與感情。她到瑞士學習旅館管理畢業後，曾周遊列國，到澳大利亞酒莊旅館一年工作學習，後赴阿根廷進出口公司 3 個月見習貿易，最後還赴瑞士，在一傳統老旅館磨練近一年，直到 2002 年，父親告訴她：「若妳有興趣接班，必須馬上回來，若不回來就沒機會了。」於是她束裝返國，直到 2005 年父親正式交棒，她成為最高執行官。她的父親告訴我：「我已完全退休，不管事，她是我老闆。」對於如此清楚完善的傳承，我非常佩服。

　　Gudrun Peter 女士對旅館充滿熱情，喜歡將歡樂帶給顧客，也帶給同仁，她認為「改變」是必須的。Peter 家族在聖沃夫岡（St. Wolfgang）生根，已有三百多年歷史，白馬飯店自 1878 年開創，高祖 Paul Peter 在 1912 年買下白馬飯店，至今也已超過百年，在傳統精神中，飯店必須隨時代改變，注入創新經營。當我問她未來幾年有何新的超前、脫穎而出的想法時，她滔滔不絕地說：「房間必須有更多型式，要增加家庭房；亞洲客人喜歡泡澡浴缸，必須增加此類設施。」她還想在夏天時增加浮動套房、三溫暖 SPA 船，以及透明玻璃船底餐廳，創意無限，雖然不一定馬上實現，但只要有一、兩項成功就足夠，這位充滿理想的少主，真是幹勁十足。

輕歌劇《白馬飯店》帶動觀光

　　翻開白馬飯店的歷史，就如同使之名震全球，取材、拍攝在白馬飯店的輕歌劇及電影《白馬亭》（The White Horse Inn）一樣，高潮迭起，「戲劇」連連，歡樂滄桑交疊，酸甜苦辣兼具。

　　《白馬亭》的源起創作早在 1897 年，每年由柏林前來聖沃夫岡度假的劇評家及劇院總監 Oskar Blumenthal、Gustav Kadelburg 攜手，寫成喜劇劇本，內容敘述湖畔白馬飯店女主人與男侍應長的愛情故事，在 1897 年 12 月 30 日，於柏林 Lessing Theatre 劇院首演，獲得空前的成功，迅即征服德語世界，也讓白馬飯店及聖沃夫岡一夕成名，成為羅曼蒂克的渡假夢想世界。

　　儘管如此，命運多舛的白馬飯店在兩位不善經營的老闆破產拍賣之下，Paul Peter 在 1912 年買下，才重啟生機。然而，8 年後，1920 年第一次世界大戰爆發，

全球經濟蕭條，戰後慢慢恢復，又逢 1929～1930 年全球經濟危機，白馬飯店經營者咬牙苦撐，度過一波波難關。所幸 1930 年 11 月 8 日《白馬亭》被改成輕歌劇，把白馬飯店的愛情故事與「薩爾茲卡莫古特」湖區的度假天堂搬上舞臺，在柏林首演，在場 3,500 名觀眾為之瘋狂，使白馬飯店重拾盛名，而 1935 年拍成電影之後，更襲捲全世界，當然也帶來觀光人潮。

二次世界大戰再度陷入苦難，期間白馬飯店曾被改為醫院安置傷兵，在 1947 年美軍占領進駐；在戰後，逐漸休養生息，客人緩慢回籠，此刻，《白馬亭》再度發揮功能，1952 年、1960 年，兩度重拍《白馬亭》電影，尤其 1960 年空前成功，也使「白馬飯店」破繭重生。《白馬亭》輕歌劇及電影是「空前絕後」的奇蹟，數度重拍仍擄獲全世界觀眾的心，與飯店品牌緊密相連，帶動成功，也是異數，而浴火鳳凰的「白馬」，如今英姿煥發，令人欽佩。

白馬飯店的紅牆白窗，以及白馬躍升圖騰，在聖沃夫岡湖畔如同閃爍的明珠，我進入房間時，即被典雅的床頭床飾吸引，金色的陽光投入黃橘的沙發，小書桌上最吸引人的是馬頭書架及一列的書籍，這是文氣十足的房間，推開向湖的陽臺，波光粼粼，光影婆娑，望著吊在邊角的白馬標幟，我舉起咖啡，向它致敬。

白馬飯店喜歡用「心」來表達他們的精神，我很欣賞房間的心形卡片，上面盡是各部門負責人的笑臉，讓人也心花朵朵開。

白馬飯店充滿藝術氣息，收藏的骨董櫥櫃、家具、掛鐘、沙發在起居大廳及房間中，處處可見，在古典中，也融入現代藝術家的畫作，我特別喜歡它收藏一千多本書的圖書館，在此休憩閱讀，真是一大享受。

傍水觀山，美景盡收眼底

得天獨厚的傍水觀山，使得池畔設施精采萬分，居然有可欣賞湖景的三溫暖烤箱房，見到旁邊泡腳的磁盆，我才知道原來奧地利人也好泡腳及腳部按摩，最有看頭的是黃金浴盆的「帝王浴」（Kaiser Bad— Emperor's Bath），雙人的浴盆閃閃發光，橫置小掛几，上面有一瓶香檳，浴缸旁是供休息的豪華帝王臥榻，這是專為情人或夫妻設計的「羅曼蒂克」黃金時光，每次時段 2 小時，一天只能接受 3 對客人，含香檳收費 670 歐元，我覺得收費很合理啊！下回一定先預訂。

當我進入 SPA 的房間時，充滿新鮮香草的氣息，令人平靜，浴缸中已撒入香藥草，浸浴其中，彷彿絲絲清流注入體中，在按摩時，芳療師先用一把把特殊溫熱的圓木棒，上頭以布裹香草於內，輕輕柔拂身體，這是他們自製的「香草按摩棒」，是別的地方看不到的。這裡的香藥草全為天然的阿爾卑斯山香藥草，有一項「瑞士松」（Swiss Pine）的說明，特別引起我的注意，它對改善睡眠、平衡心跳等有很好的功能。在繁忙的旅途中，是身心放鬆，最為舒暢的幸福時光。

自從 1970 年以後，白馬飯店即推出 SPA 在湖中（SPA in The Lake）的理念，1,500 平方呎的湖邊設施，包括全年保持 30°C 溫度的湖內溫水游泳池、按摩流水浴池（37°C），向湖觀山水景的躺椅、室內運動房、三溫暖、池畔維他命酒吧，應有盡有，飯店主人跟我說：「臺灣及中國的客人有些只來吃中餐或住一晚，隔天一大早就離開，實在太可惜了，真希望你們多停留，才能真正休息，欣賞我們的美善。」我下回一定帶朋友多待兩天，親愛的白馬。

早上最美妙的事，莫過於望著晨曦湖景，優游自在吃著白馬的早餐，各式的香腸火腿、起司、

排成心形的水果，多到目不暇給的美味麵包，還有
自榨的柳橙汁、蜂巢蜜，當然我愛的香檳也在列，
看到那盤色香味俱全的煎蛋，我的心都融化了。

　　美食愛好者絕不可錯過羅曼蒂克餐廳
（Romantik Restaurant）的奧地利菜及創意美食，餐
廳每日提供不同的套餐及佐餐酒，白馬的酒窖收藏
也是一大賣點。

　　湖濱餐廳的河鱒魚一定不能錯過，飯店每星期
還安排兩次客人乘船釣魚及享受鮮魚大餐的行程，
因此，他們推出自家魚品牌——Rossling。湖濱餐廳
喝咖啡的同時，如果沒有品嚐帝王煎餅及薩爾茲堡
烤蛋白霜糕（Salzburger Nockerl），就太可惜了。

02

維也納的瑰寶
——薩哈大飯店

究竟先有薩哈蛋糕，還是先有薩哈大飯店才創造蛋糕，這個有趣的問題一直存在著。

事實上，當 1832 年弗朗茲·薩哈為首相梅特涅做出第一個薩哈大蛋糕之後，它成為世界知名的維也納表徵之一。多年後，1876 年甜品之子愛德華·薩哈在維也納中心地帶，開創了與蛋糕同名的豪華旅館，隨即成為維也納地標，蛋糕更是聲名遠播，父子創舉美事，成為佳話。

創立薩哈的傳說女子

自從 1880 年安娜‧瑪麗亞（Anna Maria）嫁給愛德華之後，她的外交手腕促使薩哈大飯店成為上流社會聚會、會議之首選。安娜在丈夫去世後掌理旅館直到 1918 年，世界政要、王公貴族、商界領袖、音樂家、藝術家們造訪維也納時，無不以此為下榻之地。安娜‧瑪麗亞的特殊品味及形象，也在油畫像中展露無遺，她酷好雪茄，嘴上幾乎永遠叼著雪茄，一副男人婆的模樣，同時，她愛犬如命，與愛犬「法國鬥牛犬」形影不離，出入旅館，也形成了薩哈禮遇狗兄弟的傳統，據說她寵愛愛犬到吃「魚子醬」的地步。安娜‧瑪麗亞雖對內治理嚴格，但深受員工愛戴，對外樂善好施，廣受社會好評，1930 年她逝世於旅館房內，喪隊出殯到奧古斯汀教堂時，幾千人沿街默禱，表達敬意，可見其受愛戴的程度。

1934 年 Hans Gürtler 夫妻及 Siller Family 家族買下薩哈開始翻修，1938 年二次世界大戰觀光業務被迫全停，由於奧地利是戰敗國，薩哈大飯店首先被蘇聯，隨後被英國占領，此悲慘時光持續 6 年之久，直到戰後 1945 年才重回主人懷抱，此刻，進行第二次整修。

1950 年代以後是薩哈的新紀元，經過擴建、擴張，宴會廳、庭院陸續完成，並於 1988 年在薩爾茲堡買下一家旅館改成薩哈大飯店，到 1994 年薩哈加入世界「Leading Hotels of The World」成為頂級旅館聯盟之一員。

2004 年薩哈大飯店關閉 10 週，進行史上最大的整建，擴建 52 個房間，新內裝設計由法國設計師操刀，並於隔年開設頂級 SPA，立刻成為「Leading SPA」。部分整修持續進行，直到 2012 年 2 月，薩哈以全新樣貌完整公諸於世，它的華貴英姿，涵蓋 86 個房間、63 間套房分布 6 個樓層，並於 7 樓造成總統套房閣樓、大陽臺，足以俯瞰美麗壯觀的維也納市區。

維也納獨特風格，奢華飯店的表徵

　　座落於維也納歌劇院對面，薩哈大飯店是維也納唯一由家族經營治理的國際知名頂級奢華飯店，經營者伊麗莎白·古特勒（Elisabeth Gürtler）曾說：「賓客選擇我們，並非因為我們是精品旅館，而是我們代表維也納旅館的獨特風格。」（People do not choose us because we are a boutique hotel but we are a typically Viennese hotel.）

　　超過 140 年的歷史，380 位員工獨特的貼心服務，歷久彌新的華貴風格，吸引了來自世界各地的政要名人、王公貴族，薩哈大飯店接待過的名人包括英國伊麗莎白女王二世（Queen Elisabeth 11）及夫婿菲利浦親王（Prince Philip）、日本明治天皇及皇后美智子、阿拉伯王公貴族、美國柯林頓總統和卡特總統、摩洛哥葛麗絲王妃，知名影星則有伊麗莎白泰勒、珍芳達、蘇菲亞羅蘭，藝術家、音樂家、指揮家更不計其數，披頭四的約翰藍儂及小野洋子（John Lennon and Yoko Ono）也曾在 1969 年入住並舉行記者會，指揮家伯恩斯坦（Leonard Bernstein）更是終生的貴客，也因此，薩哈留下了寶貴的歷史資產——這些美麗印記的迷人故事。

　　在薩哈服務超過 40 多年的門房總管（Chief Concierge）說出了菁華：「那些我能說出來的並不那麼有趣，不能說出來的才是精采！」由許多世界知名貴客在此創造出來的歷史佳話，成為薩哈最獨特的特質，令人留戀萬分。

　　名作曲家兼指揮家伯恩斯坦是薩哈的忠誠顧客，每次到維也納國家歌劇院演

奏，一定訂同一間套房，音樂家仰賴自己的鋼琴，他到達飯店的當天早上，鋼琴一定一早先到，終其一生，他愛他維也納的「家」，他去世之後，房間裝飾、畫作維持原狀，並命名為「伯恩斯坦套房」。

英國女王伊麗莎白二世曾多次造訪下榻薩哈大飯店，有一次，她在此舉辦盛宴，飯店的侍應長（Head Waiter）Herbert Müller 親自上陣為女王服務，然而，當他為女王端上第一盤菜時，絆到旁邊翻譯官的椅子，為了避免弄髒女王的禮服，他別無選擇只好抱了女王一下使盤子扶正。在座貴賓尷尬不已，飯店上下嚇了一身冷汗，在宴會結束之前，女王以王者的幽默挽救了這個夜晚，她說：「我知道維也納侍應長非常有魅力，但沒想到竟然是以親我的臉頰示意開始上第一道菜。」（I knew that the Viennese head waiters are charming. But I did not know that the start of the meal is signalled by a kiss on my cheek.）不愧為智慧、優雅、動人的女王啊！

薩哈大飯店認為「人」是飯店的靈魂，超越頂級飯店的標準，以兩名員工服務一位貴賓的比例運作，關注每位客人的個別需求，注重所有細節，他們喜歡人的感受，以我入住為例，因行銷主管負責安排，她給我的歡迎信全部是手寫，而非打字再簽名。

飯店的門房號稱無所不能，任何賓客的要求都難不倒他們，2015 年 11 月我再度回去，因沿途受贈的資料書籍太多，請門房幫忙寄回臺灣，服務人員先到房間，估看體積數量大小，5 分鐘後，找來一個硬紙箱，大小居然完全合適，過了一會兒，打電話上來告知估價，一個是 DHL 運送時間較快速，另一家是 Federal 聯邦快遞，

費時約一星期，價錢只有一半，我選擇 Federal，由於之前已交付名片，他們告訴我資料會完整填好，運費掛入房帳，完全搞定。等我回家接到書時，真是十分感動，雖非易碎品，他們卻將尺寸大小差不多的書，以氣泡紙分成幾包包得妥妥當當，這種服務的細節，真令人感動啊！

飯店宛如私人典藏館

薩哈大飯店以皇家深棗紅為企業色，裝潢華貴的棗紅色充滿起居室及休息區，我特別喜歡入口處的大理石天使雕像及他腳下的 3 本厚重棗紅皮精裝書，道出它的人文藝術氣息。

整個薩哈大飯店是奧地利最大的私人藝術典藏館，與博物館不同的是，它們是活生生地置於四周，與你一同呼吸，走道、房間、餐廳、休息區，均以最適當優雅的方式呈現，生活在藝術叢林之中，何許幸福。所有套房的命名，除了紀念一些特定名人之外，全以偉大的歌劇及劇作家命名，例如《卡門》（Carmen）、《魔笛》（The Magic Flute）、《蝴蝶夫人》（Madama Butterfy）等。

薩哈大飯店的餐廳也是維也納最負盛名的高級餐廳，安娜・薩哈（Anna Sacher）以翠綠壁面裝潢配上鑲金邊的黑色座椅，水晶吊燈氣派非凡，提供高級精緻料理；Rote Bar 美食家餐廳與國家歌劇院對望，此得過「優雅氣質獎」的餐廳，提供歌劇表演前、散場後的奧地利美食、美酒，是歌劇愛好者的最愛。藍酒吧（The

Blue Bar）以深藍呈現，是觀賞歌劇前後最佳約會場所，簡單的點心，如薩哈自製香腸，其他小點，搭配美酒、輕音樂，非常輕鬆自在。

當然薩哈咖啡館揚名國際，也是維也納人及觀光客的最愛。對於喜愛旅行中享用早餐的我來說，薩哈的精美香檳早餐，是我終生難忘的寵愛。

薩哈的 5 樓，有著 350 平方公尺的 SPA 區，是 SPA 的領導品牌（A Leading Spa of The World），我特別喜歡它的香草蒸浴及紅外線磁石能量室，進入能量室，真是澈底放鬆，整個身體都軟化了，他們以「Time to Chocolate」巧克力時間為號召，推出以可可豆為元素的獨特療程，是完全零熱量的巧克力餐；SPA 的飲水有能量石水及薄荷水，只供各式水果、堅果等健康食品，甜食完全絕跡，這個獨特的 SPA 體驗，是客居薩哈大飯店的尊寵，至今讓我回味無窮。

03

薩爾茲堡
最浪漫的古堡
Hotel Schloss
Mönchstein

當我在維也納的好友蘇珊納（Susanne Waniek）得知我將入住薩爾茲堡 Hotel Schloss Mönchstein 時，興奮地告訴我她的浪漫故事。

原來這個古堡大飯店的堡塔最頂端，有個浪漫的祕密基地，號稱世界上最小的餐廳，8 平方公尺的空間，只能容納 2～4 個人，這與世隔絕，私密加親蜜的小房，足以令人忘情沉醉，是愛情昇華的絕妙所在。我的朋友就在當時的男友精心設計之下，求婚一舉成功。聽説在此纏綿一夜，醉飲香檳、美酒，步入結婚禮堂的成功機率是百分之百。

浪漫古堡美如童話

我由好朋友 Fritz 開車由阿特湖（Attersee）抵達薩爾茲堡，車子經過薩爾茲堡舊市區，緩緩上蒙西斯山丘，當駛入占地 1.4 萬平方公尺的私人庭園時，我被園中持弓的邱比特「愛箭」射入心房，這遺世孤立、美如童話的古堡，彷彿在夢中浮現。

當我應邀在落地玻璃環繞的玻璃屋酒吧，在棗紅的菱格吧檯、純白的皮製沙發、窗外的綠蔭晨景之間，喝下第一杯卡布奇諾時，小杯映著桌上小小的黃花，我的心已被融化。

這是什麼樣的世外桃源？多少美麗的故事在此不斷湧現，不斷傳頌著，百年……千年……永遠！

遠在 1350 年，古堡「The Mönchstein」已被記載在正式文獻中，隨後 300 年中不斷擴建神壇、塔樓等，到 1643 年，3 層樓的塔樓增建由 Philip Harpf 完成，此時之前，古堡皆屬修道院，直至 1654 年聖彼得基金會 （St. Peter Foundation）變成古堡擁有者，為體恤工作繁重的「腦力工作者」從事研究的教授們，將此地提供其休養之用，故被稱為「教授古堡」（Professor's Castle）。

直到 1948 年，古堡改變成為一間旅館；1956 年 Baron von Mierka 取得所有權，並將其推向薩爾茲堡五星級古堡飯店的境地。

服務優質，獲獎不斷

此後 30 年，古堡旅館的迷人風采及優質服務，不斷被引述，持續獲獎。1984 年被列入歐洲百家最優鄉村旅館之名，有趣的是，在 1986 年，卻被「Hideaway Report」選為「世界最佳城市旅館」，事實上它真的是在薩爾茲堡城市中啊！且同年又被美國 B.I.D. USA 選為「美國品質金星獎」（American Gold Star for Quality）的最高榮譽。至此，其名號已揚聲國際，在 1988 年正式成為「世界最美的飯店連鎖」Châteaux 之一員。2004 年更由奧地利聯邦商會及奧地利旅館協會推選為「奧地利最佳五星級飯店」。2010 年它更是第一家贏得超級五星獎的薩爾茲堡旅館。

它的餐廳「Paris Lodron」也不遑多讓。曾於 1993 年贏得薩爾茲堡最佳餐廳的美譽；在 1995 年舉辦 500 對新人集團結婚，造成轟動；1996 年成為「歐洲古堡旅館」連鎖的創始會員。2005 年由新的老闆 Rudolf Wild Werke 接手，在 2008 年完成內部裝飾翻新，並建立了一個全新的 SPA。

我尊敬這些歷史悠久維護傳統的旅店或餐廳，後繼者不只尊重前人的建樹，並將其完整保留延續，成為一貫的歷史，他們不因易主，而抹殺過去的功勞及貢獻；可以因時代而改變，但尊崇前人的傳統，使保存文獻成為後來之持有者的責任，光耀前人之際，也榮顯了自己，這可能是我們要向大器寬廣的奧地利人所學習的。

擁有 24 間房間的古堡，其中 13 間套房，部分擁有私屬大陽臺，每個房間各具風格，名畫、骨董櫥櫃，一景一物都令人心醉，當我踏入下榻的套房時，客廳的古典牡丹沙發前，一大盤布置美麗的各色水果、巧克力，伴著小蛋糕及緞帶束起的歡

迎信呈現在眼前，窗外則是薩爾茲堡的遠景，古典辦公桌左右，分別為環繞兩側的大陽臺，一方面向大花園，另一方遠眺山下薩爾茲堡，室內名畫古鐘、銅飾水晶，臥房典雅的床飾、檯燈、休憩沙發與地毯，牆飾的骨董，一切都是如此恰到好處；走入寬大的浴室，花窗透進柔光，映入潔白的浴缸，洗臉檯上高姚筆直的鮮花矗立中央，恰如高貴的公主挺立著，備品是世界名牌寶格麗（BVLGARI），浴室小几繡著黃色高貴圖騰，金色加蓋的垃圾桶，處處優雅，細緻貼心。

處處驚喜，感動無所不在

　　走到屋外，由旅館左方，居高臨下，是俯瞰整個薩爾茲堡美景的最佳所在。在美麗的大自然環抱下，溫水游泳池及按摩池是放鬆身心最美的地方，在此古堡的後方，你會發現原來古老的牆面還在，新建築在原有的基礎上建立，十分令人感動。

　　到了 SPA 區，依舊一貫的白色躺椅，我很欣賞它大紅浴巾搭白毛巾，或白浴巾搭大紅毛巾的配置，SPA 休息區面向外面寧靜的庭園，桌上的蘋果、泉水典雅健康，這股寧靜氣息，彌漫在空氣之中。

　　在寬闊的庭園中，遠眺山嵐，享用頂級早餐，是人生最大的享受。注重細節、精緻典雅是我對它的讚辭，你可以在早餐檯上一早享受你愛的酒類、飲品；各類起司、火腿、鮭魚，都是精選；精美的麵包、蛋糕，也讓人眼花撩亂。我最欣賞餐廳為貴賓準備的木製托盤，上面放置杏桃、羅勒抹醬、各種果醬、奶油，及薩爾茲堡的特產——兩串巧克力球，綜合水果盤細心配置，簡直宛如一幅彩色圖畫，當我看到那半月形厚厚的蛋卷，上面裝飾著櫻桃小番茄，襯著半抹綠葉，那份感動，真是無以言狀。

　　第一就是第一，Schloss Mönchstein，我一定再回來。

04

回到千年之外——
Schloss Kapfenstein
古堡的過去與現在

10 月深秋的早晨，老 Paul Kiendler 及小 Paul Kiendler 父子陪著我，由素有「奧地利綠色心臟」之稱的施泰爾馬克邦之萊布尼茲（Leibnitz）驅車，經過綠樹叢林，蜿蜒上坡，一路長馳。

身為奧地利第二大邦的施泰爾馬克擁有全國海拔最高的酒莊，優美的丘陵，綠色葡萄園、核桃樹遍布各地。境內一半以上覆蓋著森林，加上牧地和農耕地，綠地幾占 80%，素有「奧地利綠色心臟」之稱。它的氣候乾冷、土地肥沃，孕育出甜美的白葡萄酒，在火山岩地區也出品獨特風味的紅葡萄酒，滿山遍野的葡萄園，儼然義大利托斯卡尼景觀，因此，也被譽為「奧地利的托斯卡尼」。

遺世獨立的靜謐之美

　　當我們抵達位於中施泰爾馬克 Vulkan Land 區，靠近斯洛維尼亞（Slovenia）及匈牙利邊界山上的古堡酒莊 Schloss Kapfenstein 時，我彷彿回到百千年前，踏著庭園秋日的落葉，四周寂靜無聲，只聞花香風拂，樹影婆娑，望著眼前美得不可言語的觸心，只有感動再感動。

　　我丟下他們父子，獨自進入古堡左側的庭園。遠離夏日的旺季，此刻，秋風習習，遠眺腳下的葡萄園、紅瓦小屋、教堂尖頂，牆上一長排白石雕的鷄群，似在引頸高歌，古老的牆門紅瓦，白牆上射進了頂上葡萄架的木影，美得我不忍呼吸。紅磚牆外，拱門窗前，如許自在，如果不是小 Paul 來喚我，我會呆坐、靜坐，可能入定喔！

　　這座超過一千多年歷史的古堡，充滿著神奇的色彩，它依傍著百萬年前火山爆

發後沉寂的火山口而建，在 11 世紀時負有非常重要的防禦功能。

　　如今由 Wrimkler-Hermaden 家族經營的古堡酒莊，除了自家 40 公頃有機栽培的葡萄園、酒窖之外，古堡擁有 15 間古典的客房及 1 間遠近馳名的美食家餐廳。

　　古堡餐廳的美食，點燃施泰爾馬克的創意，如古人所言：「要抓住一個人的心，必先通過他的胃。」餐廳及庭園俯瞰施泰爾馬克的美景，每日提供 4 道及 6 道菜的美食家套餐，再搭配自家出品的美酒，集視覺、嗅覺、味覺、觸覺於一爐，可謂人生最高享受。

　　身兼主廚的古堡旅館經營者 Martin Winkler-Hermaden 對於創意美食有其堅持，他只採用周圍地區農家生產的產品，使用當地各季節最自然、新鮮的穀物、蔬果、肉類、魚類，加入想像力及創意，也能快樂地烹調出最美味的料理。

　　我在女主人作東的中餐，品味主廚的用心及精美原材做出的絕佳料理：那份蘑菇濃湯撒上蝦夷蔥，旁邊搭配小碟炸雞肝，真是絕配；四色前菜，包括燻野豬肉、丸子配洋蔥辣根及莓果凍、碎肝捲片搭越橘醬、滷牛舌配葡萄柚，都是創意組合；我的主菜——生火腿包雞肉卷搭配紅燒板栗，是道地的奧地利菜，然而，主廚的功力充分發揮出來。它的紅酒 Olivin，有火山岩的獨特蘊涵，濃郁的櫻桃、煙燻風味，結合巧克力、伯爵茶之口味，與主菜十分契合。

古法釀造風味獨特的美酒

　　酒窖入口是一個長長的長廊，專門定期舉辦展覽，此時剛好展出專家特殊設計的地毯，色彩繽紛。進入酒窖時，我看到一隻手工製作的可愛貓兒，站立在木桶上。原來在奧地利，貓出現在酒窖中是吉祥的象徵，奧地利人愛貓，酒莊更是視貓為幸運兒，所以擺個象徵貓，也可帶來福氣。

　　Schloss Kapfenstein 的酒窖可追溯自 1800 年前，採用難度極高的野生酵母首次發酵，再用天然酵母二次自然發酵，還有一項幾乎已經失傳的古法製酒術，在酒窖邊的地下，有一處大圓洞，將酒桶裝滿葡萄汁之後放入洞裡，埋入底下，再將出口蓋子蓋上，一年後，再將酒桶取上來，據說可釀出層次特別、風味獨特的美酒。

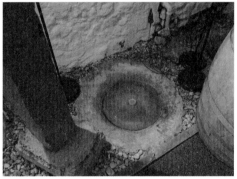

　女主人帶我們到葡萄園，一旁的
倉儲門頂上出現雕刻的石獅，是保存
的古物，護衛葡萄園，旁邊的新牆上，
雕著一隻現代的「龍」，這是近代的
藝術創作。一獅一龍，一古一今，共
存守護，訴說著傳承與創新。

　古堡旅館的15間套房各具特色，
每間都不一樣，根據房間大小、性格，
配上骨董及家具、核桃木雕刻的大
床、古典的櫥櫃、大紅的沙發搭配著
紅色的地毯，窗外美景無限，走下階
梯、油綠的草坪、大樹下的小桌椅、
方石的小徑，這與世無爭的世外桃
源，夫復何求？

CHAPTER **5**

薩爾茲堡
的魅力

音樂藝術山城

01

薩爾茲堡
的甜蜜思念——
莫札特圓球巧克力

在維也納機場，甚至世界很多國家的主要機場，都曾看到金色鋁箔紙，印著彩色莫札特頭像的圓球巧克力，然而，只有到了薩爾茲堡，才會看到銀色印著深藍色莫札特頭像的圓球巧克力。

以愛灌注，薩爾茲堡的甜蜜驚喜

　　薩爾茲堡市長夫人，來自中國的嚴建珍女士陪著我去訪問莫札特糖球的元祖——Fürst 家族的老店。

　　Norbert Fürst 是第四代經營者，他的曾祖父（Paul Fürst）於 1884 年創立了以家族為名的糕餅店。這位皇家糕餅師精於研發，在 1891 年薩爾茲堡隆重紀念音樂神童莫札特逝世 100 週年之際，為表示心中的敬意，創造以綠色開心果、杏仁、雞豆為內餡，外層浸裹黑巧克力，插上牙籤，待巧克力凝固，抽出牙籤，填上隙洞，即成圓球，外層包裝以銀色鋁箔紙印上莫札特頭像的圓球巧克力。此款巧克力頓時聲名大噪，贏得一致喝采；此後，到了 1905 年，在巴黎的博覽會獲得金牌的殊榮，更使其推向國際。

　　雖然這種巧克力已非 Fürst 的專利，有些大廠牌以機械大量生產，行銷到全世界，然而 Fürst 始終堅持手工製作，保持產品最新鮮的狀態。Norbert 以誠懇的眼神，述說他尊敬祖先傳統的真誠，他說：「我們必須維持高度的熱情，我相信我們的事業並以之為榮，我們一年做 700 萬顆巧克力，只在薩爾茲堡開 4 家店，因為我們的手工巧克力必須維持 20°C，它也只能保存 6 個星期，所以無法大量製造，也不能外銷到遠方，最多只能在冬季時銷售到歐洲其他國家。對於祖先的傳統工藝我們極度尊重，並會一直傳承下去，也很滿意我們的生意狀態，不會跨行經營別種產業。」

　　他開心地補充說：「我的兒子在 2015 年 7 月 1 日要接班了，我將交棒給他，正式退休，他畢業於旅遊學院，也學習做糕點，我的媳婦是位工程師，他們都是很棒的年輕人，我很開心喔！」

　　我誠心地祝福 Norbert，也祝福未來的接班人，輕步下樓，望著人來人往，川流不息在店內咖啡館的賓客，傳統的風範在這 130 多年的老店，持續綻放出光芒，對於這樣「愛」著自己家族的經營者，不禁肅然起敬。

02

歐洲最古老的餐廳
—— 聖彼得餐廳

自從 803 年，東羅馬帝國的查理曼大帝（Emperior Charlemagne）在奧地利建立奧斯曼（Osmark）王朝起，此地區逐漸形成以基督教及日耳曼民族為主流。而當時查理曼大帝的忠實部下，研究學者 Alcuin 已在其文獻中列入聖彼得餐廳（St. Peter Stiftskeller），因此是歐洲最古老的餐廳，至今已有 1200 多年。

齒頰留香，不容錯過的千年美味

　　經過數百年的變動，聖彼得餐廳在 1300 年賦予文學素養，14 世紀的詩人、音樂家、薩爾茲堡的修士們是主要的貢獻者，建築、屋頂也不斷美化擴建，到了 1720 年產生了改變，它的客人包括貴族、牧師及新興的中產階級，更加接近民眾。以往只能銷售自製酒類的地方，在 1803 年開放啤酒販賣特許權；正當生意蓬勃之際，卻在 1809 年拿破崙戰爭之時遭到瓜分，此後藉著承平，在 1903 年完成巴洛克廳（Baroque Hall）。第一次世界大戰帶來災難，1918 年修道院的屋頂被炸毀，後來得以修復。

　　1992 年在聖彼得餐廳的歷史上，有了新的里程碑，第一次由外界承租，當時 25 歲的 Claus Maslauer 取得承租權，對餐廳的營運邁向更多元。1996 年，聞名於世的莫札特音樂晚餐（Mozart Dinner Concerts） 在具歷史意義的巴洛克廳正式展開，從此，世界各地大量的遊客在此天天可享受這個饗宴。2003 年，餐廳盛大慶祝 1200 週年慶。

　　在美食的境界，2010 年 St. Paul Food Catering 加入聖彼得餐廳這個大家庭之後，這個極為成功的餐飲集團，專注於個別化、差異化以及專業的服務，在日常餐廳運作及特別活動中，發揮了最大的魅力。

　　我在 2015 的年夏天，應邀到聖彼得餐廳午餐，感謝市長夫人嚴建珍女士在我一到薩爾茲堡時，就與我共進午餐。

　　當我在入口處時，三位帥哥一看到我，隨即說：「您應該就是 Ms. Salina Hong 吧？歡迎歡迎，我們正在等您呢！」他們引我到開放的花園中坐下，這個花園在陽

光照耀下閃閃發光，但因有部分棚頂，且綠蔭處處，顯得十分清涼，往內部深處一看，高聳的拱頂下，連接著花園，壁上依舊是千年的石岩，白色雕塑掛飾與雪白的桌布、椅套相互輝映，拱頂垂下古典的鹿角吊燈，而靠著岩壁石柱的白色對對鹿角落地燭臺，現代感十足，這份古典與現代的融合，叫人拍案叫絕。

我在點菜時，將剛剛折斷一邊眼鏡腳的眼鏡取下，苦惱地說：「怎麼辦？剛剛一不小心折斷了，只帶一副眼鏡在身上，等會兒還要去別的地方訪問。」帥哥拿起來看了一下說：「真的斷了，不是螺絲掉了，我去幫妳想想辦法，至少讓妳可以使用到晚上！」

這個餐廳除了傳統的奧地利菜，也供應地中海菜。我點了特殊的薑汁橘片，完全無糖，好棒的飲品，清涼沁心；麵包搭配松子奶油、橄欖油、香草奶油等三種醬；主菜的鱒魚鮮嫩不已，吃得我心花怒放；最後的草莓甜點，除了新鮮草莓，另外 3 味包括草莓慕絲、鮮草莓、草莓冰淇淋佐草莓醬，盤面刷上一層巧克力，真是經典。

隔鄰傳來標準的「臺灣中國話」，巧遇一家來旅行的臺灣家庭，真是驚喜連連。他們點了我介紹的道地奧地利水煮牛肉，菜與人都一起入鏡，他鄉遇鄉親，格外叫人興奮。

帥哥送還我的眼鏡，他小心地以透明膠帶黏住鏡腳與鏡架接縫處，並要我試戴，他說：「我反覆黏了好幾層，應該不會鬆脫，至少戴到晚上回旅館應該沒問題。」我滿懷感激，他真是我的救星，而這額外超越期待的服務，真是叫人感動啊！

莫札特音樂晚餐，身與心的雙重饗宴

聖彼得餐廳坐落在薩爾茲堡舊城區的心臟地帶，在昔日的修道院內，集歷史、文化、藝術、社交生活於一處，它不只是一個餐廳，也是音樂、藝術、活動、展示會的舞臺，它的 11 個不同大小的房間，從小型的 20 多人到可容納 350 人的巴洛克廳，全部可同時招待 700 人以上，常被使用為大型宴會、時裝秀、藝術活動的場地，在華美宮廷風味十足的巴洛克廳，每天晚上的莫札特音樂晚餐，則是造訪薩爾茲堡的旅人最接近莫札特的時刻。

很少有餐廳本身就是古蹟，又在歷史古蹟群中，並與「古人」為伍，晨昏定省。聖彼得餐廳就是緊鄰聖彼得修道院（Erzabtei St. Peter）和墓園（Petersfriedhof）的奇葩。中西觀念不同，西方視作古之人以及墓地為聖潔，樂於相伴；反觀中國，若把餐廳設在墓園旁邊，恐怕沒有人會賞光吧？！

聖彼得修道院在 7 世紀初由德國傳教士羅伯特（Rupert）創立，這是德語區歷史最悠久的修道院，連同周遭區域發展成薩爾茲堡。最早的教堂，在 12 世紀的一場大火中被毀，歷經多次整建，形成今日的羅馬建構及洛可可風格。

在教堂內有為數眾多的祭壇畫，建築中央的頂棚濕壁畫，以聖彼得生平為主題。在 1783 年，莫札特曾以教堂的管風琴，演奏著名的《C 小調彌撒曲》。

教堂後方美麗的墓園，隱身於薩爾茲堡城堡的峭壁下，由第一任主教羅伯特與教堂同時建造。這裡安葬著許多歷史名人，包括卡拉揚（Herbert von Karajan）的老師也是莫札特音樂學院院長包莫加爾納（Bernhard Paumgartner）、歷史學家法蘭茲・馬丁、海頓的弟弟邁可・海頓 （Michael Haydn）、莫札特的姊姊也是音樂神童的瑪麗亞・安娜（Maria Anna Mozart）、建造大教堂的建築師桑迪羅、歌劇家 Richard Mayr 等；但有一個很特別的石匠的墓地，豎著 7 個鐵製的墓碑，原來是石匠的 7 位妻子，為何他有 7 個妻子？又為何合葬於此？一串串的故事，一章章的歷史，已隨先人長眠於此。

03

Do Re Mi —— Sounds of Music
真善美之旅

世界上幾乎找不到一部像《Sounds of Music》如此成功的電影，影響力達 50 多年之久，魅力還持續不墜，只要薩爾茲堡存在，可能傳頌百年、千年。

仙樂飄飄處處聞

當我坐上薩爾茲堡全景旅行社（Panorama Tours）的「Sounds of Music」（音樂之聲）旅行專車，導遊開始歡迎大家，唱起電影歌曲，全車頓時呼應，歡笑連連。小朋友唱起全版《Do-Re-Mi》，《Sounds of Music》的樂迷、影迷，可說全員集合。

記得我初中時，《Sounds of Music》（臺灣翻譯成《真善美》）電影上演，風靡全臺，當時就讀嘉義女中，各班輪流主持中午的「嘉女之聲」廣播，全校師生朗朗上口的就是《Do-Re-Mi》、《Edelweiss》、《Sixteen Going On Seventeen》。那段時間，前面有《梁山伯與祝英台》的黃梅調，全本的梁祝歌曲倒背如流，學校晚會表演也是演梁祝，後面緊接著上場的就是《真善美》了。

世界上幾乎找不到一部電影如此成功，又能延續影響力達 50 多年之久，還繼續維持著魅力，它可能傳頌百年，再百年，只要薩爾茲堡存在，只要「Sounds of Music」的旅行專車日日不斷，只要地球不毀滅，它定會永垂不朽。

1965 年首次上映的音樂劇電影《Sounds of Music》，可謂有聲電影以來，最成功的影片之一，它曾榮獲 10 項奧斯卡獎提名，並贏得其中 5 項，導演羅伯特・懷斯（Robert Wise）根據 50 年代的德國電影《特拉普一家》的腳本，以及《音樂之聲》（在美國百老匯演出 1500 多場，並贏得 6 項東尼獎）音樂輕歌劇為基礎，創作出以歌唱、音樂為主的電影。

其中，由 Richard Rogers 作曲、Oscar Hammerstein 作詞的電影配樂是影片打動人心、獲得超大的成功，且歷經 50 年仍讓人回味無窮的主因；該片女主角茱莉・安德魯斯（Julie Andrews），在前一年因主演《歡樂滿人間》獲得佳女主角獎，而《Sounds of Music》更將她推向事業高峰，開啟她的國際巨星生涯，她曾在一次受訪中提到，在《Sounds of Music》這部帶給全世界歡樂的影片擔任角色，她感

列翁波德斯克恩宮

米拉貝爾花園　　　　　　　　　　　　　玻璃花房

到無比的驕傲與感激；在影片中擔任角色的孩子們，在拍片之前從未受過專業訓練，此後也沒有人投入演藝生涯，然而，由於影片的臍帶關係，讓「特拉普家的孩子們」一直保持緊密的聯繫，享受做為大家庭一員的快樂。

《Sounds of Music》為何如此成功，首先，電影取自真實感人的故事，打動了觀眾，而傑出的音樂、歌曲，演員們的真誠、自然，和薩爾茲堡地區動人的一幕幕美景，使這部影片成為曠世經典。

薩爾茲堡的美，因為《Sounds of Music》而散播全世界，而它也是最能掌握關鍵，成功促銷「電影景點」的行銷案例。

精明的生意人眼光精準，特拉普一家的多年好友 Stefan Herzl 先生，在薩爾茲堡的全景旅行社和他們的車隊參加了影片的拍攝之後，規畫「音樂之聲影片拍攝之旅」，讓遊客重返電影場景，配合車上音樂、歌聲的播放，充分滿足遊客們的浪漫願望。來自美國、歐洲各國、日本、韓國、中國、臺灣及其他地區的觀光客，蜂湧而至，每天早上 9 點 30 分到下午 2 點鐘，全程 4 小時的行程，數不盡的巴士天天穿梭，班班客滿，也帶來無限觀光財。

朝聖電影經典場景

《Sounds of Music》的外景拍攝場地，令人心醉，首先，米拉貝爾花園（Mirabellgarten）多次出現在電影之中，各位印象深刻的經典歌曲《Do-Re-Mi》即是瑪麗亞帶著孩子們演唱，從米拉貝爾宮後方的小山丘，由階梯往下走，經過飛馬噴泉，來到呈幾何對稱的花園。

接著來到玻璃屋（Gazebo）和海布倫宮（Hellbrunn Castle），電影中艦長的大女兒麗瑟（Liesl）和男朋友羅夫（Rolf）見面時，合唱《Sixteen Going On Seventeen》（妳就要17歲了）的玻璃花房，以及瑪麗亞和男爵合唱《Something Good》（萬事皆好）的地方，該玻璃花房是為劇情而興建的。

列翁波德斯克恩宮（Schloss Leopoldskron）這座18世紀湖畔的宮殿，就是電影中艦長的家，包括瑪麗亞來此教導7個孩子唱歌跳舞的地方，門口的湖水是孩子們戲水划船之地，宮殿中的威尼斯房就是電影中的宴客廳，在舞會中男爵與瑪麗亞翩翩起舞，而陽臺也是一家人喝 Pink Lemonade 的地方。

途中遠眺霍亨威爾芬城堡、聖‧吉爾根（St. Gilgen）及沃夫岡湖（Wolfgangsee），這些著名的美景是薩爾茲堡最佳宣傳，在電影中，不斷出現。

月湖（Monsee）是電影中很重要的湖區及小鎮，瑪麗亞和男爵舉行婚禮的地方——月湖婚禮教堂（Basilica St. Michael Monsee）就在月湖畔的小鎮上，瑪麗亞走下教堂側廊和上校在祭壇相遇，這裡也是瑪麗亞帶著小孩子們野餐的場景。如今，教堂旁邊的古堡變成一座旅館及餐廳，小鎮也因「音樂之聲」之旅而生氣蓬勃。

旅程結束，導遊送上一包「小白花」（Edelweiss）的種子，這是當地花兒，在7月時分開滿水邊山側。據說，當地男孩對心儀的女孩表達愛意時，會小心摘下一束小白花獻上，花種子代表薩爾茲堡對你的愛意吧！然而，《小白花》這首歌可不是奧地利的民謠，它是「美國人」創作的電影歌曲，對於外國人誤植「小白花」的來源，奧地利人有種「莫名其妙」的情緒。

這也反映在《Sounds of Music》這部電影上，如果你問100位居住在奧地利的奧地利人，大概有99位會說：「沒看過《Sounds of Music》電影。」我問過一堆奧地利友人，只有一位看過，因為她是導遊，另一位是在臺灣看的；當然，你可能會與我一樣訝異，這部電影橫掃世界幾十年，又如此有名，觀光客拚命去到薩爾茲堡朝聖，為何奧地利人獨獨「冷漠」？原因在於德語區的奧地利人，本身對「英語國」的美國人和美國文化的不以為然，他們不屑看「沒有文化」的美國電影，這又是一種「歐系」的孤傲之氣！

04

有生命的木偶
——薩爾茲堡
木偶劇院的靈魂

堪稱奧地利百年國寶的薩爾斯堡木偶劇團，以百線操控懸絲木偶，重新演繹戲劇經典，木偶精細靈巧，動作唯妙唯肖。

以「鹽」（Salz）為名的薩爾茲堡，其發展歷史與鹽息息相關，西元前 8 世紀，開始有人在薩爾河（原意為鹽河）的上遊採集鹽礦，逐漸形成聚落。薩爾河流過薩爾茲堡城中央，將城市切成上下兩塊，左岸是最初主教公國統治之地，以聖彼得修道院為核心，是最菁華的舊城區；右岸的新城區發展較晚，除了擁有人氣最旺的米拉貝爾宮、莫札特故居，有一大群活蹦亂跳、日日主演名劇的靈魂人物，正在木偶劇院（Salzburg Marionetten Theater）等著你。

近距離感受懸絲木偶的魅力

薩爾茲堡木偶劇院正面對著薩爾河，風景優美，背面出口，直接進入米拉貝爾花園。我應邀參觀演出，並於演出前，有幸到後臺參觀實境運作狀況，並到庫房近距離與木偶們打招呼。

那是個非常奇妙的經驗，當劇場經理 Mr. Philippe Nicolas Brunner 帶著我繞到後方，緩緩爬上狹小的木梯，走到後臺，一片漆黑，感覺彷彿進到一個魔術室，充滿神祕。

後臺中間一條約 7 ～ 8 公尺長的木地板通道，前面有高達大腿中間的欄杆，欄杆前面下方，燈火通明之處，便是舞臺。木偶的魔術師俯身向前靠在欄杆上，運用靈巧的手指，牽動長長的線，使垂下的木偶，從肢體表情、或走或跳、或唱或演，栩栩如生，這是木偶劇演出的獨到功夫。而後臺屋頂上旁邊重重的「機關」，是多元迅速變換場景的功臣，當經理為我表演完木偶如何演出後，請回木偶，奇怪，這身形只有 60 ～ 70 公分的木偶，在舞臺上看起來很大，真像真人呢！

我來到木偶的庫房，真是驚喜萬分，木偶劇都採自世界知名的戲劇或歌劇，那些主角們，由一根根的線吊掛著，衣冠整齊豔麗地望著我，哇！《胡桃鉗》（The Nutcracker）、《仲夏夜之夢》（A Midsummer Night's Dream）、《塞爾維亞的理髮師》（Il Barbiere di Siviglia）、《魔笛的捕鳥人》，還有《唐‧喬凡尼》（Don Giovanni）、《費加洛的婚禮》（Le Nozze di Figaro）……等名劇，當然也不會少了時代劇《真善美》（Sounds of Music）、《愛麗絲夢遊記》（Alice's Adventures in Wonderland）。這些木偶們都被妥善地保護著，就像家裡的孩子一樣，劇團有 12 位木偶演出者，他們個個都是專家，包括創作木偶、保養修復，都是他們的工作，他們也常為戲劇創造新的木偶，還有一個比人高的 220 公分「大女孩」呢！

百年國寶劇團展現經典

　　這個絕妙藝術的木偶劇團，已有百多年歷史，在 1903 年由現任「掌門人」雷特爾·艾赫爾（Aicher）女士的祖父創立，她的祖父是有名的木雕藝術家，特別喜歡雕木偶，劇團成立後，租用一所學校的體操房開始公演，得到很多迴響，闖出名氣。20 多年後，在 1926 年在他兒子赫爾曼·艾赫爾結婚時，把木偶劇團傳給兒子，由於他在木偶的製作、表演、舞臺各方面，不斷改進、創新，在半個世紀中跨出藝術的境界，並應邀到世界各地巡迴演出，終於使艾赫爾木偶劇團揚名全球。1977 年時，赫爾曼·艾赫爾突然去世，木偶劇團的重責大任，便落到他女兒雷特爾身上。

　　雷特爾·艾赫爾是天生的表演者，從小在劇團長大，15 歲就參加表演，她一直沒有離開過後臺，隨父親的劇團去過世界很多國家。一生未婚，木偶是她的孩子、她的世界，如今超過 80 高齡的她，還優雅地在「舞臺後」跑動，因為一場表演、10 名後場操演者，必須不斷變換位置、跑動穿梭，在步履無聲、絕佳默契之下，演出至少 30 幾個角色的木偶，這真是藝術、技巧及團隊合作的極致。

　　劇即將開演，我走入劇場，天花板圓頂周圍美麗的壁畫，小天使們飛翔著，紅色的座椅與舞臺紅絨布幕相互輝映，這 300 多個位置的小型劇場，就像木偶一樣精緻典雅。今天演的是《真善美》，1 小時 40 分鐘，就如同真人舞臺劇一樣，自始至終，故事、歌聲，緊緊相扣，我再度沉醉於《Do-Re-Mi》，再度為他們全家逃離納粹之途擔憂，照例在心裡唱起《Edelweiss》，木偶們是生龍活虎，血肉之軀，在舞臺上唱著、舞著，發揮他們精湛的演技，那份令人動容的完美演出，我至今仍不能忘懷。

　　劇終了，演出人物一一「走」到臺前鞠躬謝幕後，幕簾拉上，此刻，在觀眾無

法查知的狀況下，工作人員將一大片鏡子抬到臺上，45 度角斜立著，突然將大布幕刷一聲拉開，劇場爆出陣陣驚呼及熱烈的掌聲，原來觀眾透過鏡子的反射，可以清楚地看到幕後的「魔手群」，如何舞動這些「活生生」的木偶，他們再次牽動細繩，讓劇中人物調皮地向觀眾招呼、鞠躬、跳躍、飛吻，艾赫爾的木偶人總能抓住觀眾的心。

CHAPTER **6**

格拉茲
——藝術之眼

老靈魂中的多元面貌

01

舊城區的
光輝建築

格拉茲（Graz）是個非常奇特的城市，蘊藏著深沉的古老靈魂，卻突如其來的注入無數跳脫常態的思維，乍來此地，心中不免搖擺糾結，有那麼點的不協調。

格拉茲是施泰爾馬克邦（Steiermark）的首府，也是奧地利的第二大城，由於舊城區珍貴的中古世紀建築群，在 1999 年獲選聯合國教科文組織（UNESCO）的世界文化遺產，更在 2003 年榮登歐洲文化之都。

藝術之都的古典美

　　由於此歷史悠久的城市，展現無限的發展潛力與世界接軌，它以傳統建築與現代新潮建設巧妙融合，加上發展創意工業，都和諧美妙，毫無違和之感，於是在2010年3月14日，聯合國教科文組織將格拉茲評選為設計之都（UNESCO City of Design），與柏林、布宜諾斯艾利斯、北京等城市齊名。

　　作為設計之都的門戶，格拉茲車站就展現了超強的氣勢，車站大廳內大紅的天花板及牆面的抽象藝術創作，令人震撼。這片2,355平方公尺的大型裝置藝術，由出身茵斯布魯克的藝術家Peter Kogler操刀，在2003年獲選為歐洲文化之都時，催生而成，後來又設計了150公尺的人行道裝置藝術。車站美侖美奐，尤其是夜間燈光燦爛，建築本體即透出了天花板大紅的裝置藝術。

　　格拉茲的舊城區分布在修波巷（Sporgasse）、紳士街（Herrengasse）和郝夫巷（Hofgasse）之間，這些年代久遠的古老建築群代表著格拉茲昔日的光環，其中有些特色建築乃格拉茲獨有的瑰寶。

　　位於修波巷與紳士街的轉角，可以見到一幢美麗的巴洛克式建築——艾格樓房（Luegg-Haus）；這是格拉茨最古老的藥房，建於1535年；17世紀之後重新翻修成今日之樣貌。它擁有特色的灰泥在外牆面構成美麗的裝飾圖案，十分繁複華麗，是17世紀留下的珍貴作品；同時，保存良好的拱型穿廊，特別的斜型屋頂也是令人激賞的特點。

　　走入紳士街，這條格拉茲最寬敞美麗的巴洛克大道，是主要的購物大街，各種名牌商店、餐廳櫛比鱗次，電車川流不息、遊人如織，著名的薩哈咖啡館與施華洛世奇名店也在其中。

　　最著名、最引人注目的繪畫房屋，也是格拉茲唯一的繪畫房屋，

就位在紳士街 3 號。這棟建築曾經是哈布斯堡王朝統治者舉行封賞采邑儀式所用，在 17 世紀曾翻修過，房屋正面牆上畫滿了色彩繽紛的壁畫，最早可追溯到 1742 年，後經由大靈廟的建築師多明尼可‧德‧阿里歐（Domenico dell'Allio）以自身原創的壁畫取代原有的歷史壁畫。

　　走到郝夫巷 6 號，一長列雕刻精細的木門，吸引著人們的目光，黑底金色的字秀出「HOFBÄCKEREI EDEGGER-TAX SEIT 1569」；這個 450 多年歷史的傳統糕餅店，係由皇宮麵包師傅艾德吉‧塔克斯（Edegger-Tax）家族所開設，自 1569 年經營至今，店內自古的招牌為薄片的杏仁餅，如今也以茜茜公主及法蘭茲國王的肖像包裝，作為禮盒賣點，各種不同的傳統糕點及麵包，令人流連忘返，減肥的念頭早已拋到九霄雲外了。

　　走到室外，忽然下雪了，格拉茲第一場冬雪降臨，大家都很興奮，聽聞的咖啡餐點名店就在眼前，我與友人 Ramy 趕快進入 90 多年歷史的 Frankowitsch。這家於 1932 年開設的餐飲店，時髦明亮，門外的高低長桌，讓人放鬆，入內一看，我的媽喲，如果你能抗拒，那肯定不是人類；各種美麗的鹹點、高雅繽紛的甜品蛋糕，太難抉擇了！

　　勉強選了三樣好大片的鹹點——滿滿的魚子醬、火腿、蟹肉起司，美極了，甜品的藍莓慕斯蛋糕、香瓜金箔塔配上一朵薄荷葉，我至今仍難忘其風采，不得不承認，這真是格拉茲之光。

生活的日常——凱撒約瑟夫廣場市集（**Kaiser Josef Market**）

　　旅行中，最能貼近當地人生活的，莫過於逛市集，格拉茲的凱撒約瑟夫廣場市集，位於凱撒約瑟夫廣場，旁邊就是電車及巴士站，交通十分方便，各種不同的攤位和小店，井然有序。

　　各種鮮花擺飾、新鮮水果、蔬菜、臘肉、香腸、醃菜、果汁、果醬、乾貨、豆類，日常生活用品應有盡有。冬日的毛氈手套、拖鞋極為美麗，因應耶誕佳節，環保的核桃殼聖誕圈也推出了；一位婆婆的店中，供應綠色的精力湯（Green Power Drink），以茴香根、綠葉菜、蘋果、薑混合現榨，十分健康可口，她的笑容，吸引

了很多顧客；也有攤位以紅色甜菜根加薑榨汁，這是補血補鐵、對胃腸很好的蔬果汁；我對紫色、白色、棕色的大花豆情有獨鍾，如果不是旅行，真想扛一袋回家。周邊的商店暖心地在座位上鋪上白色厚毛毯，歇個腳、喝杯酒，逛市集也有好情趣。

市政廳（Rathaus）與郝普特廣場（Hauptplatz）

　　郝普特廣場是格拉茲最熱鬧的市中心地區，也是電車與公車匯集的大站，平時廣場中好多攤販兜售新鮮蔬果、紀念品及熱食等，而到了 12 月，每年格拉茲盛大的聖誕市集在此熱情展開。每年自 11 月底到隔年約元月 4 日左右，格拉茲有 14 處在不同地方展開的聖誕市集，郝普特廣場地處市中心，是非常重要的市集；喝著熱紅酒，吃著糖炒栗子、小吃，與友人相聚歡，耶誕市集是非常重要的自由社交場，白天夜晚各有不同風情。尤其在兒童遊樂園，大型旋轉輪更是吸睛，旋轉木馬無論何處都可出現，有些市集把馬車座具變成飲食寶座，一位帥哥居然跟我擠座位搶拍照。逛聖誕市集，最好白天與夜晚都前往感受歡樂氣氛，兩者的氛圍是截然不同的。

　　我的導覽帶著我到郝普特廣場其實還有不同的任務。郝普特廣場正面對著宏偉的市政廳，這是市長辦公議事的所在，它最早時為文藝復興風格，設計十分簡樸，經過數度改建擴充，才成就如今的風貌，建築正面的四座雕像分別代表藝術、科學、貿易和技藝。

　　市政廳入內，即感受肅穆之氛圍，議事廳主要為核桃木刻紋牆壁，主席及議員桌椅為木雕配以白色，我被要求坐上主席台，當了一會兒的格拉茲市長。

　　到了前面陽台往下一看，郝普特廣場的聖誕市集真是熱鬧非凡，這是最佳鳥瞰廣場的所在，還可遠望市容及城堡山。我們結束市政廳的洗禮，繼續前往施泰爾馬克的邦政廳（Landhaus）。

邦政廳（Landhaus）

　　號稱奧地利最美的文藝復興建築的邦政廳，是施泰爾馬克邦議會開會的地方，它樓高三層，在 1557 年到 1565 年，由軍事建築師多明尼可‧德‧阿里歐（Domenico dell'Allio）建造。

　　建築外側明亮的黃色牆面，綴滿花卉的半圓形拱廊、陽光照耀的穿堂，極為美麗，進入內部，地板展示一大片施泰爾馬克邦的大地圖，拾級上樓，拱形門窗、天花板、雕樑畫柱，樓梯鍛鐵雕花，螺旋紋路連結向上，在在展現義大利文藝復興式的特色。

　　庭院西北方有座禮拜堂，廣場中間還保存一口古老的水井，以青銅鑄成的欄杆上裝飾著精美的雕花，小亭圓球上及四邊周圍，欄杆腳上各裝飾著小小人物，這個古蹟真是美侖美奐。

　　在庭院中正展示著聖經故事的冰雕，平常此處是夏日喝咖啡乘涼及露天音樂會、歌劇表演的最佳場所。

愛香檳的百年百貨公司 Kastner & Öhler

　　在舊城區最古老的街道，薩克街（Sackstrasse）上，矗立著一家 150 年的現代百貨公司 Kastner & Öhler；這家在 1873 年由 Carl Kastner 及 Herman Öhler 共同創辦的百貨連鎖，在 1883 年將總部設在格拉茲。

　　這座五層樓高，占地兩萬平方公尺的百貨公司，150 年來，經過整建而形成今日古典與現代融合無間的樣貌，外觀復古典雅，內在現代感十足，玻璃天窗帶來自然光源，除了舒適，兼具省能源的環保意識；它受人津津樂道的亮點，是一樓的香檳酒吧及頂樓露天陽台 Skywalk。

　　百貨公司中庭 3 層樓高的聖誕樹及金色裸身的天使，在各種精品的襯托下顯然極為和諧，來到頂樓酒吧，滿滿的人潮，寬廣的玻璃透入自然光線，十分舒適。到了陽台上，望著四周寬廣的視野，美麗的紅色屋頂，在金色陽光下閃閃發光，遠處城堡山的時鐘塔在樹林簇擁下頻頻招手，坐在白色毛毯上，欣賞格拉茲城市的無敵美景，真是令人感動不已。

02

古都中
品鑒藝術趣味

格拉茲揉合了古蹟的優雅與充滿未來感的藝術趣味，風格迥然不同的建築物，共存在這座擁有深厚歷史與文化底蘊的城市中，不但彼此巧妙融合，也意外地令人流連忘返。

參觀完獨特的現代美術館，一定要乘纜車上到城堡山頂，在夕陽中欣賞自 16 世紀留存至今的時鐘塔。

充滿趣味的藝術建物——莫爾河之島（Murinsel）

　　為了迎接格拉茲成為歐洲文化之都，請來美國紐約的前衛設計師維托‧艾肯西（Vito Acconci）為格拉茲設計一棟充滿趣味的建築物。

　　這座浮在莫爾河上的島，不只外型酷炫，還會隨著水位上下浮動，它由許多銀色管子所組成，在莫爾河兩岸，各有連接通道前往浮船，它的特別造型，成為格拉茲莫爾河上最有看頭的亮點。它的戶外露天場所，成了劇場及表演之地，外圍的銀色管子設計成小朋友攀爬遊戲的場地，白天作為咖啡館，晚上則是酒館與餐廳，大約可容納 300 人左右。

太空怪獸來了──格拉茲現代美術館（**Kunsthaus Graz**）

　　現代美術館以太空怪獸之姿的寶藍色扭曲外殼，加上張牙舞爪的突出觸角，降臨在格拉茲舊城區的紅屋頂中間，顯得格外突兀醒目，這是 2003 年格拉茲獲選為歐洲文化之都後，又一項特別的建築，是結合藝術之美與公共空間的代表作品。

　　它由英國建築師彼得·庫克（Peter Cook）與克林·佛奈（Colin Fournier）合作設計，長 60 公尺、高 16 公尺，充滿未來主義風格，外殼是以一片片藍色塑膠玻璃拼接而成，室內展間與突觸相接的頂光，充滿現代設計感，並有透明通道透視外界，白色的沙發在通道間，可悠閒地參閱藝術書籍，館內不定期展覽各種現代藝術，我在參觀期間，見到了極為特別的身體語言（Body Luggage）動像展的影像演出，印象非常深刻。

在城堡山（Schlossberg）聽鐘聲觀夕照

　　到格拉茲千萬別匆忙，有無數個理由讓你得上城堡山，無論綠意盎然繁花似錦的春季，秋紅翩翩詩意飄飄的秋色，上山野餐、咖啡、美食都讓人神清氣爽；然而，讓我念念不忘的，是 2016 年冬季的城堡山聖誕市集。城堡山聖誕市集是格拉茲的年度盛會，它只有在 11 月底到元月初每週五、六、日開放，市民或觀光客莫不爭相享受這年度的歡樂。

　　格拉茲（Graz）的名字源自斯洛維尼亞語的「Gradec」，意即小城堡、堡壘，在 10 世紀中期興建，其後整個城市即圍繞著城堡建構；到了 1544 年由義大利的建築師多明尼可‧德‧阿里歐（Domenico dell'Allio）擴建為大型的防禦堡壘，到了 1809 年拿破崙軍隊大肆入侵而遭到破壞，格拉茲市民為了保存精神指標的鐘樓及鐘塔而付出了大筆的贖金，所以，至今仍保留此二重要設施供後人緬懷。

　　城堡山只有 473 公尺高，卻有四種上山方式，體力健壯、想要一面遊山的朋友可以選擇從城堡山廣場爬之字型的 260 階陡峭的戰爭之階上山，或從 Karmeliterplatz 廣場沿著平緩小道上山。

　　上城堡山的纜車及電梯也非常鼓勵嘗試體驗；城堡山纜車最早出現於 1528 年，當時用於運送上山的建築材料，在 1959 年退役，直到 1893 年才改建成如今的交通纜車，並於隔年對大眾開放。大紅色纜車四周及頂上透明，上山下山時可全覽城市景觀，最大坡度為 60%，雖然短短 3 分鐘的行駛時間，卻讓人興味盎然。

　　至於在 2000 年才開始啟用的透明電梯，則更為便利，穿過隧道，由城堡山廣場搭上直達，它是由建築師 Reiner Schmid 所設計，循著第二次世界大戰時的隧道

直達上頂，一出電梯即可看到時鐘塔。我上山時搭乘纜車，下山時搭乘透明電梯，享受不同的氛圍。

　　城堡山的木造時鐘塔（Uhrturm），是格拉茲最顯著的地標，無論位居城市任何一方，皆可一眼識別，塔高 28 公尺，鐘面直徑超過 5 公尺，它在 13 世紀時作為軍事功能，到了 1712 年，加上傳統時鐘報時。而到了 1948 年改成電動時鐘之後，有趣的事情發生了，由於原來的設計只有時針，分針是後來再加上去的，所以時針是長的，分針反而是短的。

　　美麗的八角鐘樓（Glockenturm）是由查理二世大公（Archduke Charles II）下令建造，裡面的大鐘（Liesl）是格拉茲最有名、也是施泰爾馬克第三大鐘，直徑 193 公分、重達 4,633 公斤，每天到了 7:00、12:00 以及 19:00 就會敲 101 下，據傳它是由土耳其 101 發軍砲彈鑄造而成，形成了這項傳統。

　　我上山時，下午不到 5 點鐘，正好迎接夕陽下山，等到 5 點鐘天色逐漸暗下來，夜色迷人不已。好多人已在山上眺望市景，手持杯酒，真是愜意；山上有名的 Sky Bar Graz 是非常美麗的酒吧餐廳，室內四周全部大片玻璃圍繞，360 度景觀，無論白日夜晚都可欣賞無限風光，走到外面大片陽台，又是一番風景，遠處山際燈光閃爍，與手中杯酒相映成趣。

城堡山木造時鐘塔　　　　　　　　　　城堡山鐘樓

擁有獨特魅力的聖誕市集

　　城堡山的聖誕市集異常精采，人潮川流不息，市集在地形特殊的城堡山倉庫舞台（Schlossbergbühne Kasematten）展現此地獨有的魅力。早期，此地每個拱形凹洞用於存放武器，或作為俘虜的休息空間。1809 年曾被拿破崙軍隊摧毀，在 1937 年華麗轉身成為城堡山，也是凌駕很多城市的獨有特色表演盛地。每年各季有無數的音樂會、戲劇在此展開，尤其在夏季，爵士、古典、流行音樂輪番上陣，是非常重要的特殊表演場地，750 平方公尺的表演空間足以容納 1,310 名觀眾，開放的寬敞空間還設電動遮雨棚及專業的音響設施，晴雨無阻的開放表演，真是大家夢寐以求的啊！

　　城堡山的聖誕市集匯集所有的菁華，在拱形門洞之中，每間都有一個特色攤位，木製手工藝品極為精美，各種送禮的酒飲料包裝也很吸引人。有些門洞展示著聖經

的故事，廣場中間高腳圓桌圍著一群群喝著熱紅酒或其他酒的朋友，我在當時熱烈的氣氛下，開直播訪問好多位熱情的人士，他們都極為友善開心，頻頻在鏡頭前向台灣致意，冬日的格拉茲，讓我暖從心底。

CHAPTER 7

世界最美
的湖區

薩爾茲卡莫古特，鹽湖區

01

我在奧地利的家——阿特湖

薩爾茲卡莫古特通稱為鹽湖區，層巒疊翠，76 個大小湖泊，似藍色寶石點點散播其中，處處湖光山色，美得令人屏息。

薩爾茲卡莫古特（Salzkammergut），在德文中 Salz 為「鹽」之意，Kammergut 為「皇家領地」，地名由此二文字組合，因其開採鹽礦的歷史極為悠久，後成為哈布斯堡家族的御用鹽倉而蓬勃發展，此絕世獨立的世外桃源，成為世人遠離塵囂的度假勝地。因其天然與人文發展之和諧共存，大部分地區均被列入聯合國世界教科文組織之世界文化遺產。

阿特湖豈是「人間仙境」能形容！

　　2015 年 7 月 11 日，我由茵斯布魯克搭火車到薩爾茲堡，到站下車，一位灰白頭髮，穿著傳統奧地利鹿皮褲的紳士 Mr. Fritz Kirchmeyr，笑容滿面地向我走來，「妳一定是 Salina 小姐！」奇怪，我們從未謀面，卻像多年老友。他駕著車離開薩爾茲堡，當我們沿著阿特湖邊奔馳時，望著藍天綠水，白帆點點，我簡直被震懾住了，這豈止是「人間仙境」！

　　阿特湖從最北邊的丘陵鄉間到南邊山區延伸 20 公里，是薩爾茲卡莫古特區最大的湖，也是全湖面都在奧地利境內的最大湖。

　　我們到了 Attersee am See（意思是靠湖邊的 Attersee）小鎮，這是 Fritz 的太太 Lilo 所擁有的 Attersee Pension 的所在，也是我在阿特湖的家。後來在當年秋天，我應邀再訪奧地利，又回到 Pension 住了十多天，我與 Fritz 及 Lilo 像家人般的親密，無話不談。

　　進入 2 樓的大套房，客廳桌上的黃玫瑰綻放著，一大籃水果及小零食、葡萄酒，已經在迎接著我，推開客廳落地窗，大大的陽臺俯瞰著遠山與阿特湖，湖面層層薄霧，像極了中國的山水畫。我房間的大浴室，屋頂是透明的玻璃，晴天時浸潤在浴缸中，望著天空朵朵白雲飄飄，自己也彷彿仙子騰雲。

　　Pension 曾經是啤酒屋，由 Lilo 的祖父購得後改為酒吧及肉鋪，他們全家也住在左邊的公寓中。Lilo 的父親接手後將 2 樓及屋頂改建成一些房間，做為民宿，到了 2000 年，Lilo 買下所有兄弟姊妹的持分，正式經管民宿，這棟超過百年的建築，已傳承到第三代。

　　阿特湖小鎮位於阿特湖北端的西畔，沿著湖邊遊走，在清靜的秋天清晨，彷彿世界唯我獨享，輕霧彷如薄紗，籠罩著大地，偶見船屋，跳進不設防的籬笆探了究竟，爬上小梯登頂，享受遠觀的樂趣，天鵝悠遊著，不顧我的囁囁細語，那岸邊的船，等待著晴空出航。

　　經過那美麗紅色尖頂的新教教堂（Protestant Church），想起人們喜歡傳頌的奇蹟故事：這個名為 Marian's Church 的教堂原來只是小禮拜堂，話說當地曾有一位農夫的太太，她不相信有神，將家裡一幅木頭的聖瑪麗亞畫像，丟在地上做為雞隻的

通道，但不知為何木畫像總是莫名其妙翻倒，她一氣之下拿起斧頭砍向木畫像的頸部處，奇蹟發生了，居然刀痕冒出鮮血，消息傳出後，奧地利各地的信徒蜂湧而至，到此教堂朝聖；1870 年時教堂改建成今日的大教堂，很多年輕人也在此舉行婚禮。

沿著「我家」後面的斜坡往上走，右拐到天主教教堂，這個帶著「洋蔥」頂的天主教教堂，是在 18 世紀時改建成巴洛克風格，教堂前院是眺賞阿特湖的最佳祕境，環繞一周，到教堂背後，是 Fritz 第一次帶我來時喝甜白酒的地方，Fritz 說這是他解悶的自我放逐之地。我不只不悶，還真「樂此不疲」呢！

在兩座教堂的庇蔭之下，阿特湖小鎮上唯一的一家旅館就在湖畔，這座超過130 多年的旅館曾經是 Hagar 家族所擁有，當時是由造船廠改建成小旅館，就叫Hotel Attersee。

自從 1897 年就在 Hotel 工作的 Marie 及 Josef Oberndorfer，倆人在 1905 年買下旅館，當時擔任阿特湖市長的 Mr. Josef Oberndorfer 請來建築師重新設計成現代化旅館，1910 年開始改建，直到他過世時，只完成主建築部分。第二代 Josef 與Victoria 度過第一及第二次世界大戰的艱難時光，到 1931 年更新設備，宴會廳也完成了。第三代 Josef 及 Gertrade 自 1968 年接手，在 1970 年完成其祖父昔年的建築心願，在東側建造 3 層樓 14 個房間及餐廳。舊房子在 1977 年改建成 4 層樓房。最後部分的擴建及大門入口的現代化於 1994 年完成。到了 2003 年，第四代經營者Maria 及 Christine 姊妹盡心做中段部分的整建，可惜 Christine 在 2014 年底因癌症去世，留下姊姊 Maria 與弟弟 Josef Michael 獨撐大局。

我在訪問 Maria 時，見到她強忍喪妹的悲慟，也見到她為祖先傳承使命的執著，四代人不間斷地完成先人的遺志，並以之為榮。賦予新名字的 Seegasthof Oberndorfer 如今以現代化的舒適悠閒，精緻的美食及親切的服務，傳承著父親、祖父，甚至曾祖父的遺願，這樣充滿人性光輝的溫暖，客人一定感受得到。

02

喇叭的號響——
聖沃夫岡湖

聖沃夫岡以美麗湖景與高山火車聞名。遠望有如喇叭的聖沃夫岡湖,在繽紛的黃橘秋色中,更顯風姿。

穿過雲海的夏夫堡蒸汽火車

2015 年 10 月 26 日，趕在聖沃夫岡上山蒸汽小火車今年行駛的最後一天，我與友人 Fritz 一早趕車由阿特湖出發，中間經過一個湖面非常炫麗的小湖 Krottensee，這是在阿特湖與聖沃夫岡湖中間，這地區最深的湖。

今日天氣大好，遊客雖不像夏天時擁擠，但也不少，我們排上了 11 點 20 分上山的火車。

夏夫堡山的齒軌火車（Mount Schafberg Rack-railway），自從 1893 年就已經鳴著汽笛噴著蒸汽執行載客任務，當然這項鐵道工程相當艱鉅，然而，令人覺得不可思議的是，19 世紀末期的那些引擎至今仍在使用。蒸汽鐵道迷可選擇搭乘這些小型老式蒸汽引擎的火車上山，從下面上車到山頂需要 59 分鐘，新型的柴油引擎火車則只需要 40 分鐘，它的最大斜度可至 26%。

火車司機酷到不行，我興奮地像個小朋友，拍完照，跳上車，隔壁坐著一位「更

酷」的老太太。她身上五顏六色的圍巾、水藍色小外套，甚至橘紅框太陽眼鏡，都跟我好搭，最炫的是她灰白的頭髮，前面一大撮染著桃紅、灰、褐色，真是「酷斃了」！我好喜歡她的「特立獨行」，不知道我頭髮全白之後，是否有這份勇氣。

　　火車緩緩上山，沿途左右目不暇給，遠山伴著深谷，身置其境，不雀躍都很難。

　　終於到達山頂終站，這裡標著 1,732 公尺，紅色的火車在陽光下閃閃發光，在群山環抱下，顯得嬌媚。

　　夏夫堡山最高頂是 1,783 公尺，位處薩爾茲卡莫古特北方的中心點，它將月湖、阿特湖、聖沃夫岡湖在此分隔，在此山頂高瞻遠矚，除了腳下幾個大湖，涵蓋附近小湖，甚至可以看到 14 個湖。

　　我很難形容站在山頂的感覺，那是自由、解放、飛躍、歡欣的複雜情緒。當我越過深藍的聖沃夫岡湖，遠眺終年冰雪覆頂 2,995 公尺的 Mount Dachstein；當我跳過大石崖，遙指阿特湖；當我向下看到月湖清楚的全貌時，內心的激動真是難以形容，那份美，永存心中。

　　Fritz 拉著我走下石崖，去看「天堂之門」，穿過此門，木頭十字架處，你真的接近了天堂。

　　遠山層巒，雲海飄浮，徐風輕拂，望著飛行傘飛上天，此起彼落，是個很有趣的經驗，此山頂是飛行傘愛好者的天堂，在醉人的山水遨翔，箇中之妙，只有身歷其境者了然。

　　我們終於依依不捨地離開「天堂」，再度登上火車，下凡到「人間仙境」的聖沃夫岡湖。

絕美湖景的聖沃夫岡小鎮

遠望有如喇叭的聖沃夫岡湖，在繽紛的黃橘秋色下，更顯風姿。聖沃夫岡大教堂與白馬飯店似融為一體，在湖畔屹立著，為聖誕月而準備的大型紅色湖中蠟燭此刻已在湖畔待命，遠處群林擁抱的「娃娃博物館」，可愛得有如童話般。聖沃夫岡小鎮有著色彩豔麗的建築，那棟翠綠外牆，有著舞者壁畫的地方，原來是一家旅館，隔鄰立刻出現豔麗的桃紅、紫紅配上白窗，甚至有檸檬黃，這些多彩的屋子，與秋色黃葉，交織成大自然最美的樂章。

我在湖畔發現《白馬亭》的作曲家 Dr. Ralph Benatzky 的紀念石雕像鑲在一塊岩石上，望著聖沃夫岡湖及白馬飯店。這位以創作許多知名輕歌劇、電影音樂而聞名於世的作曲家，在二次世界大戰後回到歐洲，他使《白馬亭》推向國際，也敲響了聖沃夫岡，1957 年於瑞典過世後，還是回到聖沃夫岡，長眠於湖畔。

　　我第二次入住白馬飯店時，發現更多洛可可的壁畫在很多建築正面，往白馬飯店的路上，這面牆上中間兩個窗戶邊，這些華美的圖畫叫人駐足，仔細一看，左邊是耶穌，右邊是瑪麗亞的畫像。

　　10 月 31 日，聖沃夫岡的市集由白馬飯店前廣場，左右延伸到兩條街上，熱鬧非凡。每年此刻，著名的帽子店家在此迎接顧客，一年一度，買個新帽子似乎是傳統，當地著名的「心形」薑餅，大小兼具。地方小吃炸糰子，讓大人小孩開心不已；啤酒公司請來樂團，喝上一杯生啤，吃著香腸炸肉排，歡樂氣氛滿人間。如果你看到紐結餅，以及數不清的起司，相信必不會空手而返。

CHAPTER 8

歐洲最佳
有機樂園

環保與能量產業

01

百年傳承
的家族綠寶石──
健多樂金牌
南瓜籽油

2015 年夏天，初次造訪施泰爾馬克邦的軟殼（又稱無殼）南瓜籽產地，此地生產的冷壓南瓜籽油，有「綠寶石南瓜籽油」之稱。

純天然，只取第一道冷壓

奧地利東南方的施泰爾馬克邦，在 1996 年由歐盟劃定為 PGI 保護區，獨特的地理位置與風土，使它種植並生產出最優質營養的冷壓南瓜籽油，也被尊稱為「綠寶石南瓜籽油」。

其中，從 2000 ～ 2023 年連續 24 年，勇奪南瓜籽油金牌獎的健多樂（Kiendler），是我最為心儀的對象。

小 Paul Kiendler 在格拉茲火車站接到我之後，直奔萊布尼茲的酒莊餐廳 Winzerhaus Kogelberg，原來他父親老 Paul Kiendler 已經在那邊等候，準備請我吃一頓「南瓜籽油大餐」老 Paul 不只精於製造頂級南瓜籽油，也精於美食美酒，我們的午餐真是「美」到不行。

Kiendler 父子與我

　　隨後的參訪，從南瓜園開始，從沒見過一望無際南瓜園的我，興奮得不得了。南瓜在秋天收成，此刻只有少數還未成熟的果實，我們在地上剪了兩顆，帶回工廠，小 Paul 要讓我看看瓜內真實的種子。在工廠 2 樓，有一個雅緻的廚藝教室，係由 Paul 的母親 Hannerl Kiendler 所布置，專供試菜，招待訪問嘉賓或教學。Paul 橫向剖開南瓜，粒粒飽滿的南瓜籽，真是美極了，我剝下一部分，它的皮薄、細軟、比硬殼南瓜籽大上兩倍，這就是南瓜籽油的原料。

　　穿上防護衣帽，我們與 Hannerl 走入工廠，見到一大桶的純南瓜籽由機器攪拌之後，開始榨油，橄欖深綠的南瓜籽油，經過過濾，流到油槽，另一端榨過油的殘渣，進入大型容器中，並以機器製作成圓形渣餅，是餵食動物最好的營養食品，或可加入其他油品，二次榨油，做沙拉油（Salad Oil）；至於南瓜籽取出之後的南瓜肉，則送往收集之集中場，壓製成肥料供農田施肥。

　　純南瓜籽油只採第一道冷壓，完全不添加任何人工元素，是最天然無污染的營養品；渣餅及南瓜肉等也以純粹天然之姿，回歸大地或餵食牲畜，這乾淨保護大地萬物之循環，正是奧地利有機農業令人尊敬之處。

南瓜籽油的神奇妙用

　　精純無殼南瓜籽油富含維生素E、植物固醇，它的維生素E含量是橄欖油的4.5倍、玉米油的1.7倍。維生素E是保護細胞膜、抗氧化、減少自由基、增進皮膚與血球健康的要素，而植物固醇中的類胡蘿蔔素，是油呈橄欖深綠的原因，它富含葉黃素，對眼睛保健極為重要。而在礦物質的微量元素方面，它富含的鋅、鉀、硒和鎂，對人體免疫功能極為重要；其富含不飽和脂肪酸Omega-3及Omega-6，補充人體必需又無法自行製造的亞油酸，而南瓜多醣及南瓜籽植物性蛋白，可顯著提高糖尿病胰島素水準。綜上所述，南瓜籽油對於調節血糖、預防和改善前列腺疾病、調節膽固醇、三酸甘油酯、防止動脈硬化等，都有顯著的功效。

　　初榨南瓜籽油除了預防男性攝護腺腫大的功能外，對於女性的皮膚、抗衰老都是很棒的營養品。

　　自從訪問歸來，我開始每日飲用10c.c.的南瓜籽油，有一項保健的說法是「油漱口」。每日起床後，刷牙前，直接含10c.c.的南瓜籽油，停留口中約10分鐘，再吞下去；另外，我以之沾麵包、饅頭、青菜、鬆餅，甚至它是香草冰淇淋的絕配。在製作沙拉醬或綜合沾醬時，以南瓜籽油代替芝麻油，風味獨具、健康美味。

　　但南瓜籽油不適合加熱，若要淋在熱菜上，則須等烹煮完畢，例如煎魚、雞鴨禽、牛豬肉等，均可在上菜前淋油，增加風味。也別擔心衣服沾到南瓜籽油，只要拿到陽光下曝曬，則自然去除，可見它有多怕光與熱。

持續獲獎，家族的驕傲

　　健多樂家族自祖先傳承，從 1696 年至今，已有 320 多年歷史，他們從事製油及麵粉業，也已超過百年。南瓜籽油是該家族的驕傲，它持續得獎無數，除了連續 24 年的金牌獎之外，在 2007 ～ 2013 年，7 年不間斷榮獲奧地利 Gault Millau 美食金牌獎，並於 2013、2014 年連續得到德國非營利組織——德國農業協會 （DLG E.V）優良品質金牌獎。得獎殊屬不易，而持續年年得獎，表示最高品質及企業良心的信念深植整個公司團隊中。

　　成為代代相傳永遠的「金牌」，是忠誠顧客對你的期待，奧地利之光，健多樂之光！

02

藝術巧克力的
迷幻世界──
Zotter 巧克力巡禮

如同《愛麗絲夢遊記》，你能想像一位天使，飛翔在充滿巧克力的王國，一口一點，帶著無限的幸福，品嚐365 種不同口味的巧克力嗎？

當我到達施泰爾馬克邦的李格斯堡（Riegersburg）的 Zotter 巧克力王國時，我簡直難以相信，巧克力是如此的魅惑。

走入園區，首先映入眼簾的，是一部超長巴士拖車改裝的販賣店，供應飲料、小點給訪客，旁邊的休憩區是架著布傘席地的木條地板，幾個好大的懶人靠枕，讓人一看就慵懶起來，如此的設計配置本身就是玩樂的創意。接待大廳綠意盎然，閒適的氛圍充滿空間，我被帶往 1 樓的「巧克力商店劇院」，有一些造訪的觀光客己入座，準備觀賞巧克力影片，這是「巧克力巡禮」旅程的第一步；在層層木階梯的座位上，坐墊是一個個裝滿可可豆的粗麻布袋，也就是可可豆進口時的包裝袋，巧克力真是無處不在啊！

讓你不只買到巧克力，還有讓世界更好的一小步

　　那是一部製作精心，拍攝真誠絕美，令人十分感動的影片。老闆 Josef Zotter 帶著自己的小孩，遍訪各地可可豆的生產區，訪問農民，拍攝栽種、收成過程，並宣揚有機栽種理念。他們在中南美洲、非洲及世界其他優良的可可豆產區，與許多小型合作社緊密合作，以公平貿易的標準原則採購可可豆，Josef 甚至以高於一般水準的價格加價給農民，讓他們可以無憂無慮地種植有機豆子。看完影片，不只了解可可豆的來源、Zotter 巧克力的企業理念、巧克力的創意與藝術、Zotter 巧克力的獨特市場定位與手工製造流程，同時，也成功的宣揚了 Zotter 巧克力的企業形象。

　　看到 Josef Zotter 那張熱情洋溢，滿臉巧克力醬的照片，沒有人不受吸引，他本身就是最好的代言人。Josef 是位熱愛烹飪的美食家，也是甜點專家，1992 年，他在位於格拉茲的甜品店，不斷研發製造出各種奇妙口感的巧克力，當時，只是流傳於美食家之間的小秘密，卻沒想到，有朝一日，他的巧克力會風靡奧地利及全世界。

　　產品需要兼具品味與藝術感的獨特包裝設計，Zotter 邀請奧地利天才藝術家 Andreas H. Gratze 為巧克力做包裝設計，這是 Zotter 通往大眾的轉捩點。

　　隨著時間與經驗的累積，他的思維與雄心更加寬廣，在 2003 年，通過一個完全符合有機和公平貿易標準的認證之後，公司完成質變的最後一躍，並於 2006 年開始從可可原豆到巧克力成品的完全一條鞭生產流程，成為全球少數完全獨立製造的巧克力廠商。

　　Zotter 創立「巧克力觀光工廠」之後，每年吸引約 26 萬遊客來參觀並品嚐 365 種不同口味的巧克力。讓他們倍感欣慰與自豪的是，不只顧客大大欣賞其優良產品及創意，對於敢於打破傳統，持續發展及堅持有機、公平貿易和原豆到成品一貫生產等，使其得到無數世界獎項，曾被國際巧克力專家小組評選為「全球最佳八大巧克力製造商之一」，並曾由倫敦著名的《甘迺迪雜誌》授予「2013 年度最具創意巧克力獎」。

　　Zotter 精準地定位自己的市場角色，自開業以來，從可可豆的烘焙到研拌機的傳統研磨，一切均在高度精確的控制下完成，因此，與工業化大量生產的廠商不同，他們以手工製作，在 Zotter 的工廠裡，沒有線形的流水加工，有的只是對各種原材料的尊重。

Zotter 巧克力的魅力何在？

- **千變萬化**：巧克力工匠運用巧思創造出 365 種不同口味、不同造型的巧克力，每年還會陸續推出新口味。大自然是多變化的，可可豆約有 600 多種不同的風味成分，Zotter 加入其他原料，以證明其無限潛力，藉巧克力增添人生之樂趣與活力是 Zotter 的天職。

- **品質高超**：Zotter 被評為世界上最優秀的巧克力製造商之一，從可可原豆到成品巧克力全程手工製作，開發出不同特色的可可豆，高水果含量、無糖牛奶、無乳糖素食……等眾多種類。

- **可持續性**：所有產品均採用符合有機和公平貿易標準的原料製成，始終關注其巧克力製作工藝可能對社會、環境的影響。

- **創造力**：此無窮資源，是驅動公司發展的引擎。嘗試新原料、新方法、新口味、新包裝，創新的藝術包裝為巧克力昇華到藝術境界。

- **透明化與經驗**：歡迎遊客參觀工廠，可由透明化的車間，觀察工作人員運作情況，在巧克力商店劇院了解生動的製造過程，在參觀過程品嚐各種巧克力，這是奇妙的巧克力之旅。

- **客製化**：顧客可以透過自身的設計創意，訂製專屬巧克力。許多企業主紛紛邀請 Josef Zotter 為其量身訂做符合自己企業形象的客製化巧克力。最為人津津樂道的是為 Winkler-Hermaden 家族的古堡酒莊 Schloss Kapfenstein 以純手工用 70% 黑巧克力揉合特有的 Olivin 火山岩種植的葡萄果肉和白蘭地，做出 Olivin 巧克力，搭配紅酒，韻味無窮。Olivin 曾於 2014 年限量引進臺灣。

迷奇藍調（Mitzi Blue）的 18 種夢幻口味，加上圓形像 CD 片隱身在四角形包裝藝術中，無論玫瑰花、藍莓與堅果，每片都是獨一無二的，咬下一口芒果探戈（Mango Tango）時，舞步也隨著邁動。

下次你接到「女性美乳」的禮物時，或許就是 Zotter 的巧克力！

03

水晶奇妙世界——
施華洛世奇
的綠巨人魔法

多少年來，每年當我接到施華洛世奇（Swarovski）為其會員特製的限量年度水晶精品，打開深藍色精美安全的包裝盒，那懾人魂魄的閃閃水晶，無論是海洋系列、動物系列、舞蹈系列，總讓我愛不釋手，做為施華洛世奇的水晶迷，最大的願望就是有朝一日，探訪那個神奇的水晶世界（Swarovski Crystal World）。

© Swarovski Kristallwelten

從家中擺飾到藝術珠寶

　　施華洛世奇水晶世界是施華洛世奇成立 100 週年時所建立，儼然就是一座大型的水晶博物館，喜歡施華洛世奇水晶的朋友們千萬不容錯過！

　　施華洛世奇的創辦人 Daniel Swarovski 在 1862 年 10 月 24 日出生於昔日之波西米亞（Bohemia）的 Georgenthal，也就是今日的捷克（Czech Republic）。當時，波西米亞已經被認為是最佳玻璃及水晶切割中心，Daniel 在自家父母的公司學習金屬工藝及水晶切割技術。到了 1883 年，他造訪維也納的電器展覽會，巧遇他後來的岳父 Edward Weis 及大舅子 Franz，合作成立一家流行珠寶公司，到 1886 年，已發展成擁有 70 名員工的規模。隔年，他與合夥人 Franz 的妹妹 Marie Weis 結婚，隨後幾年，三個兒子相繼出生。

　　1891 年是關鍵年，Daniel 發明了更迅速、準確的電氣切割機器以取代純手工，並申請專利獲准。1895 年時，施華洛世奇公司在 Tyrol（蒂洛爾邦）的 Wattens（華頓斯）正式創立。在 1899 年，首度以奧地利知名的小白花（The Edelweiss）做為企業標幟，直到九十年後的 1989 年，才以目前的天鵝形象為企業標幟。

　　施華洛世奇是個創意無限的公司，140 年來經過無數變革，也經歷第一次、第二次世界大戰及經濟蕭條的大危機，始終堅定克服困難，成為世界最大、最為知名的水晶公司。它的產品從家庭飾品、水晶吊燈，發展為流行珠寶、手錶、眼鏡，甚至近年的衣服裝飾、舞臺電影衣服、頭冠，以及電子產品、文具產品，它把藝術與實用功能融合，創出無限可能。

走進璀璨繽紛的施華洛世奇水晶世界

　　為回饋廣大水晶迷，使其能夠體驗神奇的水晶世界，在 1995 年為了慶祝公司 100 週年，請來全球知名設計師安德烈‧海勒（André Heller），創造了「施華洛世奇水晶世界」做為獻禮，至今吸引超過 1,200 萬遊客參觀。這是結合藝術、文化、娛樂、休閒與購物的奇妙園區，適合各年齡層的水晶粉絲、藝術愛好者，此舉將獨一無二的施華洛世奇推向全世界。

　　就在公司即將步入 120 週年之前夕，也是水晶世界屆滿 20 週年之際，從 2013～2015 年春天，水晶世界進行最大的擴建整修，甚至關閉一年之久，將閒置的土地充分運用，創造驚奇連連的新貌。它的面積達到 7.5 公畝，在 2015 年 4 月再度開放，我在 7 月恭逢其盛，得以一窺究竟。

　　進入奇妙展室，你彷彿置身另一個星球，首先進入藍色大廳，全球知名藝術家的作品，展現著魔幻的魅力，中央展示著超過 31 萬克拉（62 公斤），世界最大的手刻水晶，它的 100 個手工切面是為慶祝施華洛世奇 100 週年時所特製，旁邊展示了 2 顆最小的水晶，館場的珍寶——水晶馬也在此展示。11 公尺高，42 公尺長的水晶牆，更會令你目瞪口呆。機械劇院（Mechanical Theatre）是跳脫常態的時裝秀，人與科技的結合，忽然衣服循軌道飛來飛去，音樂舞蹈隨之出現，彷彿魔術世界。

　　我最喜歡那個巨大的水晶圓球，球體的圓弧面是兩點之間的最短距離。它以 595 面鏡子讓進入水晶球體內部者感受自己真實置身於水晶之中，水晶球的冥想音樂由 Brian Eno 創作，我在球體中感受強大的能量，坐到地板上，從頭到腳全身發麻，我告訴帶領我參觀的公關 Marion，這是很好的打坐場所，將來有機會一定帶朋友來此靜坐。

© Swarovski Kristallwelten　　　© Swarovski Kristallwelten

190

© Swarovski Kristallwelten　　　　　　　© Swarovski Kristallwelten

　　真是一步一驚喜，望著冬日般的水晶雪花、水晶書法，漫步於大型水晶雕塑、冰通道，充滿歷史氣息的繽紛色彩世界，在精采絕倫室中，俄羅斯藝術家藍鼻子二人組戲謔地詮釋全球四大建築物，仔細一瞧，水晶建築物中正偷偷地播著藍鼻子的幽默片，在水晶森林中，找到了和諧的平衡。

　　水晶藝術世界在巨人公園中繼續蔓延，綠色巨人的頭像矗立在山丘前，兩眼的水晶閃閃發光，口中清水流入池中，後背群山環繞形成美麗的屏障，巨人公園中種植了 72,445 顆球根花卉，還有 20 公尺高的遊樂塔，是全球最大的室內劇場之一。

　　當我沉浸於山光水色之中，遠遠看到朵朵白色，閃閃發光的雲彩，真是神奇的創意啊！這是最新、最壯觀的「水晶雲」，它是由 80 萬個全手工裝上去的水晶做成，水晶雲圍繞著號稱「水境」的水池，中央有一通道伸入池中，望著藍天，水晶白雲，倒影映入池中，萬里晴天，卻現朵朵白雲，虛實？實虛？人間？仙境？

　　水晶雲旁新的 Daniel Cafe &Restaurant，在陽光下閃爍，喝杯雲中咖啡吧！

04

酒鄉的葡萄珍寶——
葡萄諾貝爾
化妝品

在南施泰爾馬克的一條酒鄉之路
——Sausaler Wine Route 的山腳下，
葡萄諾貝爾世界出現了。

葡萄諾貝爾世界（Vinoble World）
集研發實驗室，與製造、訓練於一身
的基地，是那麼清淨、美麗又動人。
Sausal 地區是奧地利歷史悠久的葡萄
酒產區，葡萄栽種在海拔 400～600
公尺的斜坡地帶，斜度甚至可到 90
度，是歐洲最陡峭的葡萄產地，諾貝
爾化妝品的葡萄即來自此天然樂園，
製出精純的原料。

萃取菁華，來自葡萄樂園的保養品

　　故事的起源要從 1995 年說起，當時，來自基策克（Kitzeck）本地葡萄園區的 Luise Köfer 女士，一直在尋求一個天然的化妝品品牌使用在她的夢想 SPA 館。她的標準非常嚴格——必須是持續使用當地的天然原材料，成分、質地能夠創造明顯的可見效果，且有悅人的香氣；它必須不含對羥基苯甲酸酯（Parabens）及石蠟（Paraffin）等一般化妝品常添加的原料，此產品需可使用在 SPA 的身體及臉部療程。當尋求理想產品的過程令她失望之後，生命的轉折卻導引她踏出更佳的道路：在一次與化學家的會晤，激起她創立自然的化妝品牌的雄心。萃取葡萄的菁華，創造獨有的「葡萄保養品系列」。

　　在 1998 年，Vinoble Day SPA 在萊布尼茲開幕，取自古羅馬時代「葡萄酒療法」的美容歷史，包括使用葡萄酒、葡萄汁、葡萄籽油、葡萄籽、葡萄糠等，經過完整

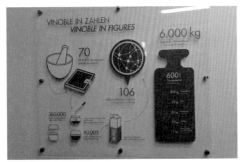

的訓練後，SPA 使用自家的葡萄保養品系列，為顏容提供最舒適有效的美容服務。

到了 2005 年，Vinoble Cosmetics 首次公諸大眾市場，它的名字是「VINO」（表示主要材料取自葡萄），以及「NOBLE」（諾貝爾是最高品級的保證）兩個字的組合。

2013 年，Luise Köfer 創建了 Vinoble 保養品工廠，總部在 Fresing im Sulmtal，集研發、生產、訓練、物流於一爐。如今，它已有 70 項特殊產品，包括面部、身體保養、防曬等男女產品，供應給特選的旅館、SPA 中心以及醫療 SPA 中心等，除了奧地利本國，也外銷到歐洲 8 個其他國家。

5 大葡萄神奇魔法

Vinoble 將葡萄的「5」個神奇魔法，發揮得淋漓盡致。

① **OPC 葡萄籽之菁華**——在微小的葡萄籽中，隱藏著對抗自由基及抗氧化最有效的物質 OPC（Oligomeric Proanthocyanidin）低聚原花青素，它是最佳的身體保護品。

② **青春之源**——紅葡萄菁華：抗老化的成分，來自紅葡萄萃取菁華，強化皮膚緊實，以脂肪酸滋養皮膚使其清新。

③ **防止光害**——葡萄幹細胞：可深入皮膚最深層的幹細胞，防止光害、改善膚色且防止老化，使皮膚健康美麗。

④ **美麗之最**——葡萄籽油：古老時代即以葡萄籽油治療傷口、燙傷皮膚以及改善乾燥等，此淡綠色之油因強烈的抗氧化特質，使它發揮最強的功效。

⑤ **苗條之源**——葡萄藤：除了撫慰肌膚，採自葡萄藤的活性元素，能夠促進脂肪代謝，幫助塑身。

葡萄樹真是全身是寶啊！

所有 Vinoble 產品全為自有工廠出品，它杜絕石蠟、矽酮、人工色素、礦物油、鋁及荷爾蒙物質，並拒絕做動物試驗，是百分之百的「純素保養品」（100% Vegan）。

　　產品推陳出新，除了 2009 年「Grape」系列，之前的「Elder」系列是防過敏品項，以紅酒為素材的「Derma」也令人驚豔。

　　高品質、高道德、高環保的理念與團隊合作，使 Vinoble Cosmetics 在 6 年中成為得獎常勝軍，在 2009 年由「歐洲健康 SPA 獎」單位頒發「最佳男性身體及臉部保養」首獎，2012 年得到「SPA 鑽石獎」的銀牌，2014 年 7 月保養品工廠得到 Styric 區的「經濟開發品質獎」，2015 年再次贏得「SPA 鑽石獎」的創新及綠色 SPA 項目獎。

　　當我拜訪了工廠、訓練中心，並在 DAY SPA 享受一趟心身舒暢的臉部保養之後，對於專業、細緻、貼心的服務品質，以及處處令人驚喜的小節，敬佩不已，坐在圓形藤椅，靠著葡萄圖案的綠色坐墊，一杯清水，幾粒葡萄籽，表達了健康，也表現了企業精神。

　　葡萄藤下的奇蹟，我見證了。

05

飛揚的公牛——
Hangar 7
給你一雙翅膀

長達兩個世紀，一群充滿熱情的飛行
機師兼飛機技師，發揮精良的技術，
賦予骨董飛機新的翅膀。

以「一個團隊，一份熱情」為信念

「飛揚的公牛（Flying Bulls）」的歷史起源於 80 年代，Tyrolean Airways（在茵斯布魯克的航空公司，隸屬奧地利航空之下，直到 2015 年 3 月 31 日公司解散，併入奧地利航空）的飛機師 Sigi Angerer，他飛行無數現代飛機，卻獨鍾情於骨董飛機。一架北美 T-28B（North America T-28B）是他的第一架收藏，隨後陸續購入 Grumman G-44 Wigeon 及傳奇的 Chance Vought F4V-4「Corsair」。這股熱潮開始擴散，其他同好者陸續加入，他們組成骨董機隊，於是飛機停放的空間、地點成了大問題。

到了 90 年代末期，一架骨董飛機飛到薩爾茲堡的機庫現址，觸發了 Hangar 7 的創建，將他們的「骨董機師協會」、飛機及修復工作集於一室，於是在 1999 年成立「飛公牛公司」（The Flying Bulls Company）。

「飛公牛」結合最佳飛行菁英，儲藏維修飛機，並常在不同飛行活動中表演特技，他們的信念是「One Team、One Passion」──一個團隊，一份熱情。

世界知名的飲料紅牛（Red Bull）的老闆 Dietrich Mateschitz 不只是飛行迷，也是收藏骨董飛機、骨董車的專家。40 年來紅牛飲料行銷世界 167 個國家，2023 年全球銷售達 12.13 兆瓶，他們採用百分之百可回收的鋁罐，紅牛提出「給你一對翅膀及靈感」的創意，應該也來自飛行的發想吧！Mr. Mateschitz 投資於 Hangar 7 時，也將夢想發揮極致。

Hangar 7 在 1999 年開始設計、建造，於 2003 年 8 月 22 日開放，是位於薩爾茲堡機場旁邊的特殊建築，頓時成為最熱門的話題，激發了整個城市的活力。

建築設計由來自薩爾茲堡的知名建築師 Volkmar Burgstaller 操刀，整體建築完全超越期待，跌破了眾人的眼鏡。這個不凡的建築用掉 1,200 公噸的鋼材，14,000 立方公尺的水泥，380 公噸、700 平方公尺的特殊透明玻璃切成 1,754 片窗格，每片玻璃的外形尺寸都不一樣。

只有一個骨架支撐著弧形大頂，沒有任何梁柱，給予參觀者無限寬廣的視野。進入平面樓層展示廳，門口兩座巨型機器人歡迎你，驚喜的各式骨董飛機、F1 賽車的超跑、高速摩托車都出現了，置身這個浩大的飛機博物館中，觸手可及的骨董，真是太迷人了。透過玻璃球體向外觀看，另一座建築就是 Hangar 8，場地永遠不夠用的，但 Hangar 8 目前只有協會會員使用，並未對外開放。

看完飛機，1 樓的雅緻咖啡廳、牆面正展示著漫畫家的作品，這也是定期更換的展品。

以提供頂級名廚饗宴為傲

你能想像在世界上有哪一個地方、哪一家餐廳，可以每個月定期邀請全世界各國最知名的廚藝家親臨，為顧客提供最為驕傲的美食及美酒？我想，只有 Hangar 7 吧！一開始就設定 Hangar 7 為航空、科技、藝術、娛樂、美食的結合場域，並彼此互相調和的獨一風格，在它 2 樓的 Ikarus 餐廳做到了。

它不只提供頂級美食，更做出所有頂級餐廳不敢做的嘗試，每月定期推出客席主廚的美食。

Hangar 7 完成的環境與大膽的構想成功了，從 2003 年開幕幾個月後到 2015 年，每個月固定請來客座名廚，從法國、西班牙、英國、荷蘭、比利時、北歐、美國、南非、亞洲，世界各個角落之名廚，莫不以受邀為榮。他們的行政主廚親自飛往名廚之國家，邀請、學習，並結合自家廚師團隊，與客席主廚合作無間，創造美食的頂級餐宴，收費 160 歐元的 8 道頂級套餐，真是物超所值。

我特別到 3 樓的五月天酒吧（Mayday Bar）喝下午茶，品嚐它的小食點心，從星期一到星期日提供不同國家的主題料理。那天的主菜是巴西的烏賊沙拉，搭配蘿蔓心、芒果及椰子脆片，牛刀小試，究竟不同。

我對於 Hangar 7 的內部裝飾極為驚豔，可俯瞰樓下展品的平臺，舒適的藤沙發，塞滿各種色彩豔麗的絨布墊，地板是一大片斑馬皮地毯，十足非洲風情，每個餐廳的室內座椅，無論色彩、造型，各顯風情。當你造訪它的「五星級廁所」時會愛上它的鮮花、座椅及洗手檯設計，洗完手右手邊的白色毛巾擦乾後，直接投入下面的洞口。

坐在室外的開放餐廳區，慵懶地賴在沙發上，看著機棚的飛機，真是無上的享受。

CHAPTER **9**

蒂洛爾風情畫

隱藏於山間的美麗

01

茵斯布魯克
的美麗巡禮

穿過濃蔭密布的安娜公園，水塘中悠
遊的鴨子，在林道中滴答而過的馬車，
而霍夫堡皇宮旁抬頭一望，積雪的高
山就在眼前。

茵斯布魯克尋幽訪勝

　　霍夫堡皇宮教堂內的高大守護銅像，有著特殊的意義。邁克西米里安大帝（Maximilian I）非常鍾情於茵斯布魯克，原本希望鑄造40座高2公尺的家族銅像，做為守靈之象徵，然而直至他臨終，只造好8座，當時在茵城找不到適當墓園，只好將大帝移靈至維也納郊區安葬。

　　邁克西米里安的孫子斐迪南一世（Ferdinand I），為完成祖父之心願，自1553年開始建造皇宮教堂，混合哥德與文藝復興模式，中央置放一具仿古希臘風格大理石棺，四周是24塊紀念皇帝生平的浮雕；圍繞石棺的守護銅像，僅完成28尊，分別是邁克西米里安的祖先及後代。然這只是空墓，大帝最終還是留在維也納新城。

　　與教堂相連的蒂洛爾民俗博物館，中庭花園如今以現代裝置藝術點綴其間，此博物館由修道院改建，館藏豐富，展示中世紀的服裝、藝術與工藝品、宗教民俗活動以及巴洛克時期至近代的模型小屋。要了解蒂洛爾的民俗風情、背景環境及文化信仰、人物服裝等，可從此博物館得到完整的概念。

　　黃金屋頂（Goldenes Dach）是茵斯布魯克的中心地標，這座晚期的建築，屋頂由2,657塊鍍金的銅瓦覆蓋，它是紀念邁克西米里安大帝的第二次婚姻——與畢安卡皇后（Bianca Maria Sforza）結婚，於1497～1500年建造，現在內部為邁克西米里安展覽館。在2樓陽臺上，雕刻了匈牙利、德國、神聖羅馬帝國的徽章，而3樓陽臺，則可見到邁克西米里安兩任妻子的雕塑。

　　在15世紀，此區興建很多豪華住宅，十分美麗，在黃金屋頂斜對面轉角的黑柏林屋（Helblinghaus），原來是哥德式風格，正面於1730年時被裝飾成華美的巴洛克風格。

　　走在最熱鬧的瑪麗亞・泰瑞莎大道上，可見到 1704 ～ 1706 年建造的安娜柱，這是當年為了紀念蒂洛爾人在 1703 年擊退巴伐利亞的光榮歷史而建，柱上刻有聖母、聖安娜和蒂洛爾保護神之雕像。

　　與安娜柱相望的凱旋門建於 1765 年，有著喜、悲同現的歷史紀念，當時此門乃為慶祝瑪麗亞・泰瑞莎女皇的次子利奧波德二世（Leopold II）與西班牙公主的婚禮而建，但於婚宴中，女皇的夫婿法蘭茲突然暴斃，喜劇轉為悲劇，同時發生；凱旋門之兩面浮雕，南面可見歡樂婚禮，北面則為悲傷喪禮。而女皇為追思夫婿，終生著黑衣喪服，令人感動。

　　州議會大廈被視為茵斯布魯克最美的巴洛克建築，代表蒂洛爾的議會從中世紀成形，由不同市民階級，包括手工業、教會、貴族、農民四種成員組成議會，在這座由建築師安東・甘普（Georg Anton Gumpp）於 1725 ～ 1728 年設計建造的州議會，可看到四種不同圖騰，分別為織布、十字架、頭像和風車。

　　茵斯布魯克街頭，美麗的建築、壁畫處處，真是令人賞心悅目的巡禮，而聖雅各大教堂（Dom Zu St. Jakob）、色彩鮮麗的修道院展覽館（Stiftskirche Wilten），及鵝黃粉白相間的威爾頓教堂（Basilika Wilten），這些巴洛克風格的教堂及內部金碧輝煌的壁畫，真叫人嘆為觀止。

02

再現鐘錶藝術
的老匠鋪——
骨董鐘錶店

走在茵斯布魯克街上，你得慢慢仔細瞧瞧，同時要勇於走進去，帶著好奇的心與敏銳的眼睛，這樣，你可能會發現新大陸。

百年鐘錶再現風華

在黃金屋頂與主教大教堂之間，是一座「時光之島」，這是一家骨董鐘錶店與鐘錶博物館「Schmollgruber」。在店面的外牆上，用拉丁語刻著「智者前瞻，防患於未然」的智慧之語，這是這家骨董店的創始者 Georg Schmollgruber 最喜歡且以之為座右銘的詞句。

在 1969 年，Georg 便以敏銳的嗅覺預測鐘錶市場的發展趨勢，他認為品牌市場的競爭將日趨激烈，而歷史性的骨董鐘錶維修卻有很大的空間可發揮。為百年骨董鐘錶注入新生命，使其再現風華，成為「歷史時光」的見證者，是具有專業維修技術的鐘錶人責無旁貸的責任。

這項強烈的使命感及自我期許，誕生了這座小而精緻的「骨董鐘錶博物館」。

這幢哥德式的建築，入口外牆保留著原始的粗獷岩石外貌，室內穹頂下與牆上不規則的石頭、梁柱，與粉白刷面，形成古樸的趣味，大小掛鐘、長短鐘擺、咕咕時鐘、方圓各式座鐘，還有巨大的紅色布滿齒輪的大型機器鐘，簡直令人目眩神迷。突然間，我的心好像被吸入「時光之輪」而停駐。

在這獨特的空間裡，展現 19 世紀流行的彼得瑪雅風格的作品，也將法式掛鐘優雅的呈現，從無到有，從零件翻修到重現光華，這裡凝聚了百年鐘錶發展的歷史，將各式風格一一重現。

我看到倉庫中一堆「破銅爛鐵」，有無數不知名的零件、鏽蝕的鐘錶面板，還有一大堆工具，這些就是化腐朽為神奇的「材料」，經過挑選、清潔、洗淨、拋光、

重新組裝，以專業的技術、無比的耐心、無限的熱情，一件件鐘錶作品於焉「重生」。

　　留著八字鬍的 Georg 老先生充滿童趣，他熱情解說其作品，此刻，他玩起鐘擺來了，他說：「我從小跟著父親，這裡是我的遊戲場，搖動鐘擺是我最喜歡的遊戲。我們幾個兄弟都是這樣長大的；後來我的兒子菲力浦也是一樣。現在他已經繼承我的志業，我不管事了，只是來『玩玩』，現在看到我的小孫子在店裡玩鐘擺，覺得似乎回到童年，他以後可能會跟我一樣，看著下一代、下一代玩下去。」

　　原來 Georg 與兄弟們的童年，深受父親與鐘錶的影響，不只玩出興趣，也繼承了父親的精湛手藝，在奧地利各個大城市，創建骨董鐘錶的基業。而 Georg 的兒子菲力浦從小在鐘錶堆長大，培養出深厚的興趣與感情，更承繼父親的技藝，青出於藍，任何鏽跡斑斑的零件，經過他的巧手，絕對起死回生。如今 Schmollgruber 自己設計組裝的手錶，因其高雅經典的造型，深受顧客的喜愛。

　　古往今來，今來古往，時間不息，精神永垂。

03

Schnapps
呼乾啦！──
奧地利傳統白蘭地

這家專門釀製蒸餾酒的公司 Hofer farmhouse，有著特殊的氣質，以堅持維護傳統的精神，做出最好的白蘭地。

堅持傳統釀製，造就迷人酒款

奧地利有很多中小企業，其中有非常令人尊敬的家族企業，他們堅持維護傳統，師承庭訓，做出最好的產品，卻不汲汲營營地大量擴充而喪失本位精神，茵斯布魯克的 Nagiller 家族就是屬於這樣的企業。

我到訪 Hofer farmhouse 時，桌上白色餐盤上放著大紅色餐巾紙及一顆美麗紅豔的蘋果，我問 Mr. Nagiller 有何特殊意義，就我而言，這是很特別的歡迎擺設，是我從未見過的。他說：「紅色本身代表溫暖，而紅色蘋果是表達最誠摯的歡迎。」

Hofer farmhouse 的農場，有 3,000 多棵果樹，其中 3/4 是蘋果，這是主要製作蒸餾酒的來源，另外，也種植了杏桃、紅莓、梨、李子等不同水果，做為原料。

蘋果採下後，必須先洗淨，磨成蘋果醬，在這個過程中，需取出蘋果籽，然後加入酵母。三星期後，放入機器中（機器中層是水分），以柴火燒，加熱到 76°C，

此時，酒就會從果泥中分離出來，進入大的管子，大管子中有很多冷水管，酒精經過冷卻後，就成為第一次提煉的「燒酒」。

燒酒必須以同樣的方式進行第二次提純，然後放在橡木桶中一年，存在酒窖中。等時間到了，要先以鼻子聞其香氣，前面流出的以及最後段都不是最好的，中間段的品質最佳（酒精含量 85%），前段流到第 5 杯左右是最佳的狀況。一桶燒酒可做出約 35 ～ 45% 的純酒，第二階段必須加水，水的質量影響到白蘭地的品質，加酒的水不能有太多鈣質，茵斯布魯克北部的山脈屬於石灰岩質，不適合製酒，南部山脈屬於花崗岩，鈣質較少，是合適的山泉。

Hofer 主要產製 4 種白蘭地，分別為蘋果加紅莓、蘋果加香草、蘋果加杜松子，以及純蘋果酒，前面三種以大玻璃瓶存放，而純蘋果酒一定要存於橡木桶中。

經過詳細解說，總算有點入門，最重要的是到酒窖品酒啦！每個人品味不同，我個人倒十分喜愛蘋果與杜松子的結合。對於蒂洛爾配酒的冷盤更是欣賞，各式火腿、起司，配上葡萄、核桃、麵包的 3 種沾醬，美味融入口中，主人特別推薦他家的特產——綿密的小馬鈴薯，真是好吃到不行。最終奉上的甜點，是蒂洛爾特別的炸甜餅，咔嚓一聲，糖粉與餅屑融入口中，那才叫完美。

CHAPTER **10**

冬季奧地利

令人難忘的朗闊雪景與溫泉

01

施拉德明踏雪行

微笑，在旅途中，永遠為你贏得友誼。

我在 2016 年 12 月 13 日由薩爾茲堡搭火車要到施拉德明（Schladming），中途需在畢斯赫夫秀芬（Bischofshofen）轉車。

到站時 Angelica 舉著我的名字笑臉相迎，如此暖心。第一次到施拉德明，這美好的印象讓我屢屢想著再回去。

綿延四座山峰的滑雪聖地

我們先到市內一家 400 年前是郵局的「Post Hotel」郵局旅店入住，我一入房間，就被施拉德明蘋果綠的精美資料夾，以及透明包裝繫上蘋果綠彩帶的大禮物吸引住了，裡面有著毛線帽、手套，我趕快戴上白色繡著施拉德明標幟的毛帽，與 Angelica 坐纜車上山了。

施拉德明‧達赫施坦因（Schladming Dachstein）是世界有名的滑雪聖地。滑雪客對於施拉德明在 2013 年阿爾卑斯世界高山滑雪錦標賽時建成的 230 公里滑雪道，85 個全新滑雪索道和 97 個獨特設計的滑雪屋欣喜若狂，尤其獨一無二的施拉德明「四峰滑雪纜車」，位於滑雪場中央，將著名的滑雪山麓 Hauser kaibling、Planai、Hochwurzen 和 Reiteralm 連接在一起，長達 123 公里不中停的滑雪道，可謂世界頂級之滑雪享受。

除了滑雪遊，在雄偉的白色山景進行雪鞋徒步漫遊，或踏上各條越野滑雪線路，都是最好的選擇；北部中心的藍姆莎（Ramsau am Dachstein）就是奧地利最棒的越野滑雪場，設有 220 公里長的線路網。

施拉德明除了因 1982 年、2013 年舉辦兩次阿爾卑斯世界滑雪錦標賽，奠定所有滑雪設備，包括滑雪道、纜車、吊車，以及造雪系統全面頂規之外，在 2017 年 3 月 14 日～ 25 日與格拉茲（Graz）、藍姆莎（Ramsau）共同舉辦特殊冬季奧運，來自 107 個國家的 2700 位運動員參與盛會，更吸引其他兩萬多人包括媒體、會議、志工、粉絲團及運動員家人、朋友們參與。以「Hearts beat for the World」（為世界跳動的心）為主軸，恰與施泰爾馬克的「綠色心」標誌相互融合，何許貼切。

當我上到 1,825 公尺的著名滑雪世界錦標賽之地 Planai 山上時，簡直驚呆了！走出 Planai 山上的纜車站，地上綿綿的白雪與一望無際的寶藍天空相互輝映，遠處白頭皚皚的群山，與地面五顏六色繁忙的滑雪客裝備，構成一幅絕美的圖畫，坐上大心內

紅色座椅，來個甜蜜時刻留影，緩緩穿過垂著白雪的松林木梯，我們走上滑雪場，我在此停留時間太短，今天並未安排滑雪，特地上山是享受無敵美景的午餐來的。

Schafalm 是 Planai 滑雪山的餐廳，四周雪山環繞，內部以圓形傘骨支撐頂棚，龐大的空間全部以山中原木桌椅陳設，古樸的空間，熙來攘往的熱絡風情，溫暖了每位滑雪客，若有幸坐在周邊最外圍，窗外的美景，映著美味的食物，似乎比在山下更好吃呢！

在此冷冽的高空下，熱湯是必須的，我的牛肉蔬菜細麵湯，映著窗外雪山森林，多麼詩情畫意！我感覺山上的鄉村餐廳，可能為滿足高度運動的人們，份量都是特別大，應該有山下的兩倍；Angelica 的主菜是燉豬肉佐蔬菜及麵疙瘩，這是標準的奧地利傳統菜，我的主菜為烤羊肋排佐馬鈴薯及四季豆。雖然生意十分繁忙，但奧地利滑雪山上的鄉村餐廳，都有很高的水準，供應的傳統美食，一點都不含糊，在美景輝映之下，顯得特別有味道，因為下午在山下還安排下午茶，所以，我們捨棄了甜點與咖啡。

餐廳外紅色對對休閒躺椅上，雙雙現出比基尼女郎及肌肉男，在白雪中閃閃發光，周邊則為滑雪板置放架，遠處滑雪的人們，在暖陽中感受大地的恩賜。搭乘纜車下山，四周一望無際的寬廣雪景，讓我飽嘗家鄉從未有過的冬景。

雪地馬車行

　　我們驅車到 Ramsau am Dachstein ——意思是達赫斯坦因旁的藍姆莎，沿途又是另一番景象。到達 Ederhof 鄉村民宿，馬車已經在雪地上等我們了，令人興奮的雪地馬車之旅即將展開。

　　馬車伕是位非常有禮貌的紳士，而那兩匹驅車的馬兒，棕色的身軀，頂著頭上白色的毛與白尾巴，與鄰近的山色雪景，簡直是山、馬一色，太美妙了，我的心裡澎湃不已，禁不住歡呼連連。

　　我從大學時代在台灣后里騎士營接受騎馬訓練並參加比賽後，就愛上了馬匹，一有機會騎馬，或坐上馬車，簡直雀躍不已。嘀嗒嘀嗒，兩匹可愛的馬腳步齊邁，馬車伕說，馬兒期待奔馳好久了。如同音樂節奏，我們在雪地上前行，藍天上朵朵白雲，隨風吹拂，馬兒迎上小坡，穿過樹林，感受自由奔馳的喜樂，馬兒欣喜躍動，陽光暖暖地照著大地，轉過大彎，往兩邊前行，夕陽開始照在山坡雪地，一片金光閃閃，遠山塗上炫麗的金彩，馬兒後背也染上金光，這令人驚豔的片刻，簡直美得無以言喻。

　　在雪地奔馳一個小時，我們要轉到路上了，路上是剷過雪的，馬車的車輪是雙用的，雪地輪子雪鍊往上一拉，即回復為路面用的輪子，繼續行進；大片似塊塊金磚的山景、寧靜佇立的房舍、片片雪白的大地，有種時光凝結的感動；慢慢返回，我們的馬兒開始不聽使喚，頑皮的馬兒嗅出即將返航，他們的玩心正開始呢！馬車伕吆喝著，此刻使出馬鞭韁繩，終於讓聰明的馬兒「回首是岸」，我們回到了啟程的民宿農莊。

遠方農舍微光點點，似一層透光藍霧罩著白色大地，一股奇妙的寧靜襲來，「不語觀心」是最佳的回應。

我們驅車行駛在山路上，遠方暗空中迸出一輪滿月，如影隨形，Angelica 貼心地停車讓我拍照，遠方山上「流」下一彎流瀑，直奔山上點點彩光，原來是山上滑雪道在月光照映下的流光，太美了，我抬頭望著明月，感動莫名。

走入溫暖燈光的餐廳，我點了奧地利施泰爾馬克酒區的白葡萄酒，搭著我喜愛的無花果、水梨配芝麻菜及醋膏的前菜，真是驚喜。蔬菜沙拉的小黃瓜薄脆片，甜菜根絲、綠葉菜、大片蕃茄，一大把松子灑在上面，那陳醋油醬汁，太美麗了。肝丸湯湯清味美，頗具水準；主菜的魚片、炸蝦卷在馬鈴薯泥悠然佇立，炸物薄脆，極為難得。甜品是不能少的，布丁、冰淇淋、藍莓醬，正是「恰恰好」。

最美的時刻，就是「恰恰好」。

訪奧地利羊毛國寶── Steiner Wollwelten 1888

　　以前看著奧地利男士，在冬天身著橄欖綠厚重羊毛外套，下身搭著傳統鹿皮褲、羊毛長襪，標準的國服，非常帥氣，甚至好多獵人在寒冬中這身打扮，就打獵去了。造訪 Steiner Wollwelten 1888，才瞭解這是奧地利的「國寶服」，非常珍貴。

　　Steiner Wollwelten 1888 總部位於施拉德明外圍的 Mandling 地區，是傳統的本地企業，卻揚名國際。我非常佩服奧地利傳統產業對於護持家族精神及家族榮耀的堅持及用心，他們愛鄉、愛家，不輕易把家族傳承之企業移到他鄉或他國，有些公司甚至把產業總部設在自己的家鄉，以繁榮回饋地方。

　　這個傳承了 120 多年的傳統羊毛紡織廠，以百分之百天然羊毛為素材，例如安哥拉 Angora、克什米爾 Cashmere、美麗諾 Merino、阿爾帕卡 Alpaca……等等不同種類的羊毛，由於技術先進、品質特優而贏得許多世界知名流行品牌的青睞，如 Jill Sander、Yves Saint Laurent、Gucci、Boss、Joop 及 D&G 等等，都採用他們的頂級純羊毛織品，製造流行服裝、圍巾、大披肩及服飾品。

　　他們引以為傲的大羊毛毯，由羊毛原始素材，織成柔軟舒適、溫暖無比的毛毯，早已躍升國際。

　　參觀工廠製作工程是一項非常有趣的經驗，各種不同來源的原材料，適合製作的產品也截然不同，從一袋袋的羊毛原材、到染色、浣紗、織布，一步步的製作，已幾乎由全自動機器

操作，只有少數步驟檢視需要人工，然而，惜福念舊的 Steiner 1888 仍然在廠內保存著昔日的古舊機器，飲水思源之情，令人喜愛。

我對於他們的染色技術十分佩服，各種深淺不同的豔麗色彩，能如此在羊毛織物上呈現，實在太美了。

產品展覽室展示著多元色彩的毛毯、靠墊、冬日熱水袋、化妝包琳瑯滿目，2樓展示傳統男、女外套，這些外套極為厚重，但即使在零下 20 ～ 30 度，只要裡面穿上保暖衛生衣、毛衣，加上外套就夠溫暖了。我特別喜歡女性色彩豔麗的披風，輕軟的克什米爾羊毛一向是我的最愛。這個展示區也是總部的門市部，他們在全國各地大城市都設有門市直營店；耶誕節快到了，大小物品都是很棒的佳節禮品，一位工作人員精心地包裝著顧客送禮的禮物，我這昔日的包裝皇后還真有點兒手癢呢！

總部附設的咖啡廳極為優雅，灰色的座椅及靠背，當然是自家羊毛產品，牆上展示著流行服裝的照片，喝著咖啡，感受傳統與創新的完美融合，總是感動。

02

三千公尺上的絕景 施拉德明—— 達赫施坦因

達赫施坦因冰川，是不可思議的大地傑作，此山是一座巨型的原始珊瑚礁，海拔約 3,000 公尺，在阿爾卑斯山脈形成之際，由海底提昇破裂產生，形塑成巨大的石灰珊瑚礁。它是繼蒂洛爾地區 Lechtal 山谷的帕賽爾峰（Parseierspitze）之後，北阿爾卑斯山之第二高峰。

轉車驚魂記

第二度拜訪施拉德明，我由林茲（Linz）搭早上九點多的火車，由奧地利的友人送我到車站，在售票機買了敬老票（奧地利超過 65 歲長者有敬老票優待），因為沒在售票窗口買票，所以未受到提醒；我的朋友開心地把我塞進火車，而我居然不知道要轉車，一路坐到茵斯布魯克。

這是唯一的一次，在奧地利火車上 3 個小時，沒有車長來查票，我只注意車子將到施拉德明的時間，過了薩爾茲堡，繼續悠遊前行。臨近茵斯布魯克時，我望著窗外高山雪景，驚覺情況不對，問了鄰座，他們驚聲：「已經到茵斯布魯克了，這輛火車將開往瑞士。」男士們趕緊幫忙我拉下行李，我把喜愛的一件羊毛長罩衫忘了在火車掛勾上。

趕快連絡接我的施拉德明旅遊局 Angelica，她已經到車站等我了，我告知馬上搭下一班車奔去。

購票窗口工作人員得知我的情況，十分驚訝：「沒有人驗票？」我點點頭，她接著說：「任何到施拉德明的火車都必須在薩爾茲堡轉車，妳坐的火車有兩截，一半車廂只到薩爾茲堡，一半開往瑞士。」她搖了搖頭，另外開了一張茵斯布魯克到薩爾茲堡的車票給我：「妳原來的票可以接薩爾茲堡到施拉德明，妳要在薩爾茲堡轉車，時間夠。」顯然，車上未查票是 ÖBB 火車的錯，她並未收取分文，我喜歡這個合理的處置。

我趕快通知 Angelica 再到車站來接我，她在電話那頭一直笑，奇怪，旅行專家也會搭錯車，她安慰著：「沒關係，等妳一道吃晚餐。」丟掉一件名貴的外套，我需要好多美食來慰藉一番。

我們來到一家施拉德明市內最具現代感的傳統奧地利菜餐廳 Die Tischlerei，餐前小點就讓我驚豔，我有著一模一樣的編織帶紋玻璃食器，生火腿、培根片、幾球鮮奶油，就叫人心花怒放，我的湯是奧地利經典牛肉蔬菜肉丸湯，那份大盆的沙拉，美麗的紅莓果、覆盆、藍莓、石榴，在細葉綠蔭上，油醋醬灑上大器的白芝麻，真是太驚豔了，我的主菜小牛肉，襯著馬鈴薯，糰子中間是蘑菇，卡布奇諾牛肉醬汁，喝一口施泰爾馬克產區的紅酒，望向天花板朵朵像飛碟的閃亮頂燈，今日所有的煩悶，全到九霄雲外了，美食真是撫慰心靈之良方啊！

350 年歷史的農莊，睡在穀倉屋

座落於達赫施坦因山下的 Ramsau（藍姆莎）是個非常美麗的村莊。遙向阿爾卑斯山，附近是供攀岩的 3 處山壁，吸引無數同好；浪漫的野生峽谷與高山湖泊，春夏秋冬不同色彩的大地魅力，令人著迷。

在 Ramsau，所有的房子皆為傳統農舍，在傳統的農舍中，都有一整間房舍儲存穀物， 二樓或更上的半樓用以儲存玉米、雜糧保持通風乾燥，樓下則可能圈養牲畜。有 350 年以上的歷史，對於如此努力保留歷史傳統，真是令人欽佩不已。而 Ederhof 的主人，在將自家農舍改為民宿之後，即創新思維，將穀倉改造為唯一的一棟可愛房舍，我感覺像小公主離開皇宮住在鄉間童話小屋，真是太美妙了。

這小木屋外牆、屋頂，形體都保留 350 年前的樣貌，白牆左右入口，綴放美麗的玫瑰紅花朵，夜幕低垂、寧靜幽美。一樓的廚房、餐廳，散發原木的香味，桌椅上紅格子桌巾與座椅，窗簾十分雅緻，竹編的大心，道出主人的歡迎，廚房旁側，

一個鐵製的火爐，主人為我送來木柴，點上火焰的當下，屋子好似魔杖發光般溫暖起來，我愛這大自然木柴的香味。

令人稱奇的是，屋內所有門扇，不同形狀的門把門閂，廁所的衛生紙架，牆上的心形毛巾架，都是主人的傑作，我扶著木梯上樓，內心感動不已，樓上大樹幹做成的木床，牆上周邊，天花板、木門、窗框，細心地訴說著它的情懷，我暫時的家，讓我動情不已。

隔日清晨，迫不及待推門走出小小樓台，雪山遠眺，阿爾卑斯群峰與眼前綠、黃相互輝映。窗前朵朵

紅豔與遠山同現一格，抽一口冷凝空氣，此情此景，無法以筆墨形容。

我喜歡民宿簡單卻周全的早餐，你永遠可以有主人新鮮自製的麵包、自製的果醬、新鮮的現榨果汁、水果、優格，當然生火腿、火腿、起司，生菜也不虞匱乏，早晨那現煮的咖啡，足以令人神清氣爽。

我走出餐廳，女主人 Christine 正在餵雞及小羊，可愛極了，她領我到園中小屋，原來是燻火腿及臘肉之處，所有的肉類、香腸都是自己做的，另一間大的麵包房，即為每日烤新鮮麵包的地方。美麗的女主人一早穿起防水鞋靴就幹活了，準備民宿早餐，餵食牲畜，打掃環境，一手包辦，而轉身衣服一換，又是樸實的光鮮，你會很驚訝她的設計美感，民宿所有一草一木，室內裝飾搭配，都是 Christine 的巧思，這麼有才華又勤奮的女強人，真是令人欽佩不已。

達赫施坦因──不可思議的冰川行

　　達赫施坦因冰川，是不可思議的大地傑作，此山是一座巨型的原始珊瑚礁，海拔約 3,000 公尺，在阿爾卑斯山脈形成之際，由海底提昇破裂產生，形塑成巨大的石灰珊瑚礁。它是繼蒂洛爾地區 Lechtal 山谷的帕賽爾峰（Parseierspitze）之後，北阿爾卑斯山之第二高峰。

　　在此巨型石灰山的北陰影面，呈現著三大冰川面，分別為哈斯達特（Hallstatter）冰川 300 公頃、哥紹（Gosau）冰川 120 公頃、 施拉德明格（Schladminger）冰川 95 公頃。此阿爾卑斯山最東部的冰山群峰，由達赫施坦因獨立、高聳的位置環視，雄偉壯麗、美似仙境，號稱阿爾卑斯群山最美的視野之一，真是名不虛傳。

　　我好喜歡 Angelica 的小小綠色電動環保車，這個蘋果綠是施拉德明達赫施坦因觀光局的企業形象代表色，一致地呈現在公務車、制服、宣傳旅遊資料夾，以及所有宣傳品上，無止境地宣傳環保，值得其他國家效法。

　　我們驅車來到搭纜車的山上，Angelica 馬上取出充電管，插到停車場邊的充電站，真是方便不已。環保電車最重要的是必須設置最方便的充電站，才能鼓勵使用者積極改變，共同保護環境。

搭上透明車頂及周遭的全景纜車登 3,000 公尺高峰是非常令人興奮的事，白色世界盡在周圍腳下。今日天氣不太好，可能會下雨或下雪，等到抵達山上出了纜車，真的凍斃了。此刻，忽然聽到傳來一陣台語聲，我趕快趨前招呼同胞，哇！一大群台南來的，原來是台南榮剛材料科技公司的協理、廠長、工程師十多人，到奧地利他們進口機器的公司學習，利用今日星期天由奧地利同事帶來賞冰川。太開心了！海外遇鄉親，我介紹我的專任導覽 Angelica，告訴他們儘管跟我走。

　　此刻，霧雪茫茫，在高山上風雪中漫步不是浪漫的事，我們走上輸送帶速速穿過長廊，進入無數冰雕的夢幻冰宮—「Der Schatz im Dachstein Eispalast」；冰宮內陳列著終年結冰的神話故事、地區傳奇、知名景物，例如 Graz 鐘，還有冰雕國王座椅，趁機體驗一下；藉由不同色系燈光變化，製造冰雕及走道的神秘氣氛，真是令人目眩神迷。

　　下一個最重要地方就是懸空的 100 公尺透明吊橋了，再度穿過輸送道，我們登上搖晃的吊橋，雪越下越大，這時相機居然凍僵了，朦朧的吊橋另有淒淒之美；Sky Walk 玻璃平台位於海拔 2,700 公尺，平日遠眺周山冰川，極為美麗，此刻，也是霧雪茫茫，未備冬衣的台南同胞都快受不了了，旅行之際，天氣變化莫測，我安慰他們，下次來肯定是放晴。

　　此刻，最重要的是溫暖的一餐了，我詢問這批朋友中餐可有著落？他們答稱「不知、不熟，那兒好？」我的慈悲心馬上發作，因為旅遊局為我安排的餐廳一定是很棒的，我請 Angelica 打電話給餐廳，幸運喔，

還有位置,於是,給了地址,這批撿來的「浪民」,跟著我到了可愛的餐廳。

　　人多點菜也更形熱鬧多元,經過介紹,牛肉麵疙瘩佐豆莢、雞肉沙拉、豬牛雙排佐馬鈴薯條,紛紛上桌;你吃我的,我吃你的,再乾一杯,道地的台灣式聚餐,逗得 Angelica 笑呵呵。她說:「Salina,我覺得妳好溫暖好熱情,對待同胞真好,而我覺得台灣人很友善,這些人都好棒喔!」哈哈!另類推廣台灣文化的國民外交,下次有機會在國外見到我,趕快來招呼跟著走喔!

感恩豐收大遊行

　　十月秋收之後，是農民豐收的季節。在施泰爾馬克州，各地城鎮每年都會舉辦「感恩豐收節（Ernte Dank Fest）」，通常選擇 10 月的第一週或中旬那週的週日，輪流在各鄉鎮舉行，今年，就在今天，剛好輪到施拉德明，所以，下午可以帶大家去看農民豐收遊行了！此話一宣佈，歡聲雷動，出發了！

　　感恩豐收節是非常有意義的年度大活動，由不同的鄉鎮團隊合作，由於在施拉德明周邊鄉鎮，每年輪流主辦，所以，當前一年選定下年度主辦單位時，就由該鄉鎮的年輕人成立「豐收節慶委員會」，並邀請其他鄉鎮的年輕人一同組成，他們定期開會討論，如何讓活動辦得有聲有色，也因輪流舉辦，頗有較勁競爭之意味。

　　農民們對於這盛大的年度活動，極為重視，無不傾其所能，將自家農莊驕傲的產品，全家出動，在遊行中展現出來，到了豐收節當天上午，先到教堂做禮拜，感謝上帝賜與豐盛的一年，並祈求保佑來年風調雨順，持續帶來豐饒。到了下午兩點，在市中心廣場，主席台廣播宣佈遊行開始了，遊行隊伍經過時響起掌聲，並一一詳細介紹。

　　雨持續地下著，但民眾的熱情持續升溫，或許他們從來沒有看過這麼一大群黃皮膚的東方客參與盛會，除了大眾投來好奇的目光，甚至要來合照；我們玩得正樂，突然廣播傳來我的名字以及歡迎台灣來的旅行團蒞臨，甚感榮幸，一陣歡呼（包括我們自己）隨之而起。

酒商以工具機前導，橡木桶放上拖車，沿街請大家喝著他們家的酒；鄉村樂隊吹號打鼓，著整潔的橄欖綠制服，頭戴「綠帽」抖擻前行；伐木農家乾脆將樹幹、樹枝葉，架上工具車，做成最自然又代表本業的裝飾。若你看到穿著樹枝樹葉、手持樹桿藤、臉塗黑炭，裝扮成邪鬼的人來了，他可是來塗黑你的臉，打你幾下，幫你驅鬼邪氣的。

美麗的女郎發送糖果祝你好運，這是優良傳統，農場全親族，全家出動，展現家族的驕傲，站在車上頻頻揮手微笑，發放自家農產品；最可愛的小朋友出現了，前後小拖車上，自家的兩隻大白鵝昂首張望，殊不知到了 11 月可是上天堂之期了，可愛的鵝叫聲與樂隊聲，人們開懷的笑鬧聲交織成美麗的交響曲。

我們這群「浪人」忍不住趨至車前與車上美女合照，最後一大票人與農民們成了最美的風景。年輕的村莊青年穿著傳統鹿皮褲跳起傳統舞蹈，我不禁加入陣容，但節拍就是跟不上；小小的青少年樂隊也來了，學習音樂本為奧地利的傳統，幾乎所有兒童都會吹奏一種樂器；農民在工具車上裝飾的玉米、南瓜，顯示豐收的特別意涵。感恩上天、感恩大地、感恩眾人，感恩照顧農民的顧客。

保護大自然，感恩由心而發，我們尊敬您。

03

茵斯布魯克——
滑雪勝地、
阿爾卑斯之都

要體驗奧地利的冬季風情，首站當然要來到阿爾卑斯之都——茵斯布魯克。這裡曾兩次舉辦冬季奧運，擁有絕佳的滑雪路線與設施，它對於滑雪活動的完善規畫也令人嘆服。不論是職業或業餘滑雪客，都有最適合的山脈和路線可供選擇。就算完全不會滑雪，也有雪上腳踏車、月夜雪橇等活動，讓人可以玩個盡興。

寧靜的冬日閒情

2016 年 11 月 29 日，我飛到維也納，直接搭火車由機場赴茵斯布魯克，體驗冬季奧地利，首站當然要前進阿爾卑斯之都。

這次住的是五星級的 Grand Hotel，就在火車站對面，晚餐過後，沿著聖誕燈光，每條街道呈現不同的風情，有寶石的珠鍊、有雪花月色懸空，有天使吹號，爭妍鬥麗，走到著名的瑪麗亞泰瑞莎大道（Maria Theresien Strasse），金色樹群閃閃發光，以大型冰柱為主軸的設計，充分代表此冰雪之都。百貨商場購物中心的耶誕禮品、各式禮盒妝點得美侖美奐，夜幕低垂，聖誕市集已收攤，人們逐漸散場，我沒匆忙，正好悠然漫步，享受寧靜的冬日閒情。

你在蒂洛爾州（Tyrol）時，如果碰到土生土長的當地人民，他們常常自稱：「我們是蒂洛爾人。」你也會發覺他們似乎有別於其他地區的奧地利人而自成一格。如此的情結，有其歷史背景。

在西元 1363 年之前，茵斯布魯克所屬的蒂洛爾是一個獨立的公國，因為哈布斯堡家族的魯道夫四世（Rudolf IV）聽聞蒂洛爾公爵過世，便瞞著公爵夫人假造文書，將蒂洛爾交給哈布斯堡王朝，如此陰錯陽差，蒂洛爾成為哈布斯堡王朝的領地，並在邁克西米里安一世（Maximilian I，1459 ～ 1519）的時代，成為神聖羅馬帝國的首都。

大帝對首都極力建設，此地蓬勃發展，成為僅次於維也納的重要城市。二次世界大戰之後，曾於 1964 年和 1976 年二次舉辦冬季奧運的茵斯布魯克，不僅是歐州的滑雪勝地，即使夏季，也是登山友的最愛。

茵斯布魯克滑雪學校

　　茵斯布魯克不愧為滑雪之都，滑雪活動的完善規畫，真是令人佩服，我在造訪它在市區的滑雪及單板滑雪學校 Ski & Snowboard School Innsbruck 之後，終於了解為何滑雪客「樂此不疲」。

　　攤開奧林匹亞滑雪世界茵斯布魯克（Olympia Skiworld Innsbruck）大地圖，九個主要滑雪大站及周邊詳細山脈地圖呈現，經理詳細為我們介紹，各站高度從最低的 860 公尺到最高的史度拜冰河 3,210 公尺，壯觀的大圖呈現滑雪山脈的氣勢，當年的奧林匹克世界溜冰場也是熱門地點，全世界的溜冰迷每年選擇不同山頭挑戰，無論是職業或是業餘，都可選擇最適當的山脈、路線及方式。

　　這是個滑雪的國度，很多兒童從 3 歲就開始接受訓練，滑雪學校的訓練課程包羅萬象，有一人、兩人的個別教學，也有 3 人以上團體的，還有全家庭的服務課程；分為半天（2.5 小時）、一天（4 小時）或長達五天之連續訓練；年齡從 3 歲半、4 歲、8 歲以上，青少年及成人都有，全套的服務及交通安排，使這冬季旅行及運動更加方便。

　　你可以安排從居住的飯店接送到滑雪山上，或與教練約在纜車站，或者奧林匹亞接駁車站會面，父母親若有其他事務，無法陪同兒童，也可請教練到飯店接小朋友去滑雪課程，課後由教練送回飯店，這項服務是免費的。

　　從每年 12 月中旬滑雪季開始到隔年 3 月底左右，除了耶誕假期之外，訓練學校每隔幾天提供特別課程給不同程度的學習者，分為五個等級：

第1級，從未滑過雪；第1+級：曾滑過雪，正在學習，會向前滑但不會停止；第2級：能滑雪並停止，簡單的轉彎沒問題；第3級：每年會滑雪，可以在「藍坡」上自如滑雪，偶爾在一些「紅坡」上；第4級：幾乎可以進入滑雪賽了，可以在陡坡上以平行姿勢滑；第5級：滑雪賽達人，可以在各種雪坡上以平行姿勢滑，喜歡在滑雪道及滑雪場挑戰特技。

　　除了滑雪及單板滑雪，也有許多不同活動提供給純粹玩雪者，雪上腳踏車、刮雪活動都可玩翻天；每週四晚上的「月夜雪橇行」更是十分浪漫。包括飯店接送、在月光下的平底雪橇體驗及一杯熱飲，讓人興奮不已，可惜我已有其他行程，下次一定不能錯過。

　　因為茵斯布魯克舉辦兩次冬季奧運的經驗，以及全系列的優良冬季滑雪設施、活動的服務，使得在2022年舉辦冬季奧運的北京，也趕來取經，茵斯布魯克滑雪學校與北京締結很棒的聯結，並提供最好的訓練及諮詢。

　　訓練學校的辦公室門市部，提供所有滑雪設備及衣帽、滑雪靴等供旅客租借，來自其他國家不常滑雪的遊客，也可以非常方便地租用全套設施，馬上上山滑雪去了！

20 分鐘上北山（Nordkette）

世界上，大概沒有一個城市，能在 20 分鐘之際，把你送上 2,000 公尺的高山。茵斯布魯克就是如此方便迷人。

上北山的纜車站在舊城市區，沿路經過的骨董市集，總是如許迷人，那些具備歷史風情的盤子及杯具、銀飾燭台、骨董人像、珠寶盒子，一隻隻的銅匙叉，都會像磁鐵吸住你。如果時間許可，尋寶是件多麼快樂的事，近幾年已經不像年輕時總是扛回一大堆戰利品，現在在海外逛市集的原則是觀賞為止，最多每次只能帶回一項（或一套）至愛，然而，破例的機會也不少，誰叫我去那麼多地方？！

搭乘北山纜車由市區的 Congress 站啟程，上到海拔 2,256 公尺的終點站 Hafelekar，20 分鐘就到了，中間有 Loewenhaus、Hungerburg 及 Alpenzoo 3 站，這些纜車站因其特殊造型而聞名於世，由建造伊澤山跳台的知名建築師札哈‧哈蒂（Zaha Hadid）設計，大膽的流線似大型冰塊之造型，淺粉藍色彩及大格子綠條，像極了漂於地面的浮冰，每個車站又依地形，與周遭山形地景融合，堪稱世紀傑作。北山纜車沿線各站，一年四季都是熱門景點，冬日滑雪、夏季健行，壯闊美景，盡在眼前；此番冬季上山，沿途山頂白雪皚皚，美不勝收。

走出纜車，馬上被白色的山嶺震懾住了，遼闊的前景，腳下是茵斯布魯克市區，如同玩具小盒的房子，別具趣味，帶著孩子的父親，滿是幸福，長長一排躺椅，不言不語，深深沁入這大地的氣蘊，望著遠山巒影，深吸一口氣，就是「當下」。

旁邊就是兒童戲雪之滑雪場，乘著輸送帶往高處，小朋友滑著小雪橇，有些大一點的，乘著滑雪板，可愛的小小孩兒，幸福地坐在小雪橇上，由大人拉著，背後的近山，美麗的土黃、咖啡色，白雪不規則地閃耀著，遠處就是德國了。陽光是最好的禮物，它灑在雪地形成一道道光芒，淺淺的水藍，美到無以形容。

　　我們走入餐廳，那一大片的玻璃，映入層層山景、人景，總是如許協調；桌上瓶中兩朵白花，映著我的糰子煎餅湯，主菜來了，那幾道太陽透入的白光影，將那款煎豬肉蔬菜馬鈴薯透得讓人酥心，此刻的感動，是「美」的滲透、是「心」的愛戀，非身歷其境者，實難以神會。

　　搭配纜車站的流冰造型，這個白色聖誕的山上聖誕市集，白色璀璨，處處閃閃爍爍，真是高貴典雅，令人喜不自禁。觀賞夕陽的人們，各就最佳位點，手持熱紅酒或簡約小食，等待天邊紅彩逐漸浸沒，天色漸沉，市集的白星星益形光耀，我們走向纜車站，山下燈火點點，纜車道閃著光芒，乘著車沿著長長的光帶下山，夜色朦朧，又是另一番詩意，遠處起點站的亮，在深沉藍空下指引著，這是「光明之燈」。

我的滑雪處女行

茵斯布魯克這個阿爾卑斯滑雪之都，無論在市區，或者滑雪地點附近的村莊，都有專業的教練及出租完整滑雪設備的商店。

我的滑雪教練 Wolfgang 除了滑雪教學之外，也在伊格斯（Igls）經營一家滑雪設備出租店，太太負責日常照顧店面。他帶我到店裡選擇適當的滑雪板、滑雪靴以及防寒外套、手套等裝備，第一次試穿滑雪靴，才知道它有多重，說真的，實在很不舒服。旁邊大大兩眼的可愛女娃，是 Wolfgang 的小孫女，今年才四歲，但她三歲會走路就已下場滑雪了，所以，這個冬雪國度的孩子，是在雪堆長大的。我們這些亞熱帶長大的孩子，學滑雪真的要突破心理障礙——怕摔，所幸我的教練非常專業，我選了不會黏著雪的皮手套（千萬別戴羊毛線手套，會將雪黏住），出發了。

開車前往纜車站，沿途的雪峰景色，已夠令人興奮。停車場外，有著寄放滑雪板的地方，現在 12 月初滑雪季才剛開始，已有眾多迫不及待上山「開滑」的雪客。

奧地利的纜車製造技術全球有名，世界各地，包括我們台灣旅遊勝地的很多纜車，都是由奧地利承造，安全是第一考量。登上纜車，這 360 度視野的纜車，足以飽覽群山美景，我非常愛這種寬闊自在的氣氛。當一個個滑雪客，身著五顏六色，

酷意十足的潮衣、潮帽、太陽眼鏡進入纜車時，我的眼睛開始欣賞這冬日的人群之景，再遠觀，下望白色群山，真是太美了。

我這個「好命」「嬌嫩」的滑雪客，不像其他人背著大包重型裝備，我的教練貼心地為我扛超重的雪靴，只要我拿著「自己」的滑雪板即可，到達 2,630 公尺的 GAMGESTEN 滑雪場，眾多滑雪客的鮮麗衣著，真是色彩繽紛，我忽然覺得，不滑雪也沒關係，只要坐在一旁欣賞這幅美麗的風景就行了。

但教練那裡肯放過，我脫下在北京買的熊貓帽，換上滑雪頭盔，教練幫我穿上滑雪靴，教我如何穿、如何脫，我們拿著滑雪板、滑雪桿，上場了。

教練最得我心的一句話，讓我開懷大笑，他說：「滑雪滑得怎麼樣不重要，最重要的是架式要足，要擺出最專業的姿勢，來先拍照！」於是，在「導演」一聲開麥拉之下，我的橘紅色雪衣在白雪映襯下閃閃發光，明星架式來了，你看！後面有阿爾卑斯山為證。

先練習單腳滑板，來回熟悉之後，再開始雙板慢慢前滑，這有點像學開車，步步進階；我的滑雪處女課進行得滿順利的，一個分心，滑倒了，終於瞭解「專注」，「一心一用」的重要。教練把我拉起來，命令：「繼續！」我開始再接再厲，教練教導如何停止滑板，雙腳稍微內八字也用上了，Wolfgang 真會鼓勵人，他說：「Salina！妳的平衡感挺好的，哈！第一次滑雪只摔了兩次，很棒的，妳在此時間太少，如果持續一個星期，我可以把妳教得很好！」（我心想，不敢洩露年齡，如果他知道，應該會更尊敬我）；後來我一位外交部的朋友可是對我大大讚賞一番，他說，他年輕力壯，但第一次滑雪可是摔得屁股差點開花，還瘀青痛得不得了，我

我的滑雪教練 Wolfgang 與他的小小滑雪博物館

想，我是幸運的，因為教練大概不敢讓我負傷吧！否則，怎麼跟奧地利旅遊局交待。

　　滑雪是很激烈的運動，此刻，外套內部毛衣已是濕透了，也該休息一下了，午餐時間，太棒了。

　　滑雪休息站的觀景台，放著一排排面向山景的躺椅，讓滑雪客休息，或一般不滑雪的遊客可喝著咖啡，觀賞美景，或作日光浴（包得緊緊的日光浴）。而偌大的餐廳，供應飲品美食極為重要，餐廳座席，分室內室外，我脫下裝備，特別是雪靴，但教練還是穿著雪靴吃飯，滑雪客習以為常，因為吃完飯又要下場了。

　　我點了烤豬肋排，旁邊配白色的「辣根」，一個蝴蝶麵包、一份蔬菜沙拉，此刻，最為舒心的飲料——啤酒當然不能少了。肋排極為好吃，放鬆了，喝杯咖啡，教練準備再帶我上場，但我這懶學生有點累了，於是，我們下山，直奔另一更高的滑雪聖地史度拜冰河（Stubaier Gletscher）蒂洛爾之頂（Top of Tyrol）。

　　自從 11 世紀開始，蒂洛爾州，就是歐洲王公貴族極為青睞的度假區，在距離茵斯布魯克約一小時的車程，沿途的夢幻小村，如童話般呈現眼前；它擁有高山永不融雪的優勢，一年四季，都是上山賞雪的好時光。

位於蒂洛爾之頂，海拔高度達到 3,200 公尺的滑雪場，在史度拜冰河的高山上，自 1973 年開始服務大眾，它是奧地利境內最重要的阿爾卑斯滑雪勝地，滑雪場共有 5 座纜車，16 座功能不同的升降椅分別到附近山上的滑雪路線，這座滑雪場終年開放，但夏季雪量較少，真正的旺季從 10 月開始。

我們到達山谷的 Mutterburg 站搭乘纜車直到 3,165 公尺的 Schaufeljochbahn 站，遠望白頭群山，在藍天下閃閃發光，太陽光芒柔和四射，映照山頭及滑雪的人們，山影、人影，美妙至極，我深吸一口清新空氣，為此大地恩賜深深感動不已。

蒂洛爾之頂在海拔 3,200 公尺的冰岩峰（Eisgrat），海拔 2,900 公尺的冰岩峰餐廳，位於纜車站旁，是非常有名的圓弧餐廳，風景極為美麗。每年的 7 ～ 8 月間，遊客中心會提供從冰岩峰到寒鴉峰（Jochdohle）的免費導覽，這條路線是史度拜冰河上唯一通往冰川內部的路線，全程由登山專家帶領解說，非常安全。

依依不捨再搭纜車下山，驅車回到伊格斯，Wolfgang 眼中閃著光芒，帶我去他自己打造的滑雪博物館。

一位滑雪運動健將、滑雪教練、滑雪終生志業者，把他的心血、收藏，投入小小博物館之中，那份熱情，真是令人感動。我在博物館中，看到了在伊格斯早年使用過的滑雪器具、雪橇、滑雪板、古老的滑雪靴、得獎獎牌、照片、昔年修復滑雪設備、剷雪的工具，甚至有 Krampus 魔鬼的裝扮及面具、牛鈴展示，望著主人熱心的解說，我對於這位愛鄉土、愛專業、愛自己的滑雪老師，多了一份深深的尊敬。我喜歡奧地利，不是沒有原因的，「人文素養」是除了天然景觀之外，最為重要的一項。

04

冬日的歡樂——
聖誕市集與魔鬼節

每年 11 月中旬之後，冷冽的冬日，似乎開始飛躍起來，歐洲聖誕市集點燃了；聖誕市集迷人之處，在於越夜越美麗以及摩肩擦踵的人群。人們除了在聖誕市集瞎拼購物，更與親朋好友相約在此，把酒言歡，共度快樂的社交時光。

12 月的魔鬼節遊行，由猙獰臉孔、尖角獠牙的魔鬼開道，再有聖尼古拉斯為人們祈福，祈求惡運退散、幸福降臨。

茵斯布魯克六大聖誕市集

茵斯布魯克市的聖誕市集聞名歐洲，有六處之多，除了上北山的漢格柏格聖誕市集（Hungerburg Christmas Market）之外，都分布在市區。分別有舊城區的聖誕市集（Christmas Market in the Old Town）、市場廣場聖誕市集（Christmas Market at the Marktplatz），瑪麗亞泰瑞莎大街聖誕市集（Christmas Market in Maria Theresien Strasse），威爾田的魔法聖誕市集（Christmas Magic in Wilten），及聖尼古拉斯聖誕市集（St. Nikolaus Christmas Market）。

每個市集分別由 11 月 15 日開幕，持續到聖誕之前的 12 月 23 日，而瑪麗亞泰瑞莎大街市集則延到隔年元月 6 日才閉幕。這中間在 12 月 31 日除夕之夜，茵斯布魯克徹夜狂歡，除了在舊城市區中心有一連串活動及煙火，更在海平面 1,900 公尺的 Seegrube 山上大肆慶祝除夕之夜，並有專車接送各地遊客上山，煙火燈火、人聲樂聲，迎接新年的熱浪終夜播散。

每個聖誕市集各擁完全不同的主要裝飾指標。在黃金屋頂前的舊城市集，20 公尺高的「天然」聖誕樹是其標幟，這棵大聖誕樹得來不易，妝點金光金球，並有童話故事及巨人胡同，趣味橫生。這個市集每天下午 4:30 就開始在劇院說故事，銅管樂隊在黃金屋頂前演奏，並有茵斯布魯克音樂學校的表演。

瑪麗亞泰瑞莎大街市集以水晶大型冰柱聞名，在北山雪頂及山壁的背景襯托下，異顯光耀，大道中間矗立一棵金光閃閃的大樹。每天下午 5:00 在水晶冰柱都有音樂演奏。

在威爾田的市集充滿藝術風味，展出各種不同的藝術品，週一至週五每天都有藝術節目。

漢格柏格市集在北山上，主要特色是四周開闊的全景體驗，腳下遠望茵斯布魯克市，美不勝收，它週一到週四有藝術及手工藝活動，週五到週日下午 5:00 則有管樂四重奏，週日下午 4:00 是講故事時間，山上節目也很精采啊！

聖尼古拉斯市集被稱為沉思的市集（The Contemplative Market），似乎意味著沉澱不張揚，著重傳統的展示及銅管音樂分享，每天從下午 6:00 就有音樂欣賞及銅管樂隊演奏。

人潮湧動的市場廣場聖誕市集

　　聖誕市集迷人之處，在於越夜越美麗以及摩肩擦踵的人群，我從北山下山，直接投入舊城周遭的各個市集，鑽來鑽去、跳上跳下，在傳統攤位徘徊，感受耶誕的歡愉。

　　隔了兩天，與我的滑雪教練 Wolfgang 一起到茵城最大的聖誕市集——市場廣場市集，它位於茵河旁的大市場廣場上，大市場是我到此必逛的地方，此刻進入耶誕前奏曲，令人興奮不已。它最大最有名的地標是每年由 Swarovski（施華洛世奇）建構的巨大「水晶聖誕樹」，全部以水晶建構，樹頂架上一個水晶大星星，真是奢華不已。

　　兒童的旋轉木馬展也是一大特色。每日的活動從下午 2:00 ～ 6:00，木偶劇、說故事、魔術表演陸續出場，星期三下午 2:00 ～ 5:00 規畫了兒童及老人特別時間，有兒童吹玻璃練習，週日晚上 5:00 則是兒童探險派對。所以，這是一個特別為全家，包括兒童所設計的歡樂市集。

　　當我與 Wolfgang 由小鎮 Igls（伊格斯）驅車到市場廣場市集，遠遠就被水晶聖

誕樹吸引了，在夜空下非常美麗，而入口大拱門上環著亮光，市集裡面早已人頭鑽動。我特別好奇的水晶樹，原來是架在一個屋頂上，留了個透明圓頂，讓你可以直觀樹頂，太有趣了。

攤位眾多，整齊排成一排排，中間即為道路，各種聖誕節裝飾家中聖誕樹的飾品、禮品，應有盡有；好多藝術性的木製品、手工藝品，極為精巧。當然，穿戴的手套、羊毛拖鞋，日用品也不遑多讓；飲品、果醬、火腿、起司等農家自製者，更是出盡風頭。

好多兒童探險或遊戲的攤位，最受歡迎的是旋轉木馬，歡笑的小朋友頻頻向場邊的父母招手，我也感染了快樂的氣氛，有點想騎上去玩玩呢！

聖誕市集，瞎拼購物絕對不是唯一目的，大部分的朋友，在此期間全相約在市集。這裡有很多令人開心的小吃飲品，你可以在 Tapas Bar（小吃吧）買小吃，而最為傳統的熱紅酒，是逛市集必喝的飲品，它是以紅酒加熱，投入肉桂棒、一點點糖（有的人不加糖），煮出味道，市集中幾乎人手一杯，與友人把酒言歡；所有聖誕市集都有供應馬克杯酒杯的店家，只要付押金2歐元，即可取得衛生消毒過的杯子，到熱紅酒攤位買酒，喜歡杯子的話，喝完直接帶回家，有人連喝好多杯呢！若退還杯子，則可取回押金。

Wolfgang 買了兩杯紅酒，帶我擠到 Kiachl 的攤位，這是奧地利傳統的炸麵糰，有點像多納茲（Donuts），中間凹陷，可放各種果醬、奶油或鹹的酸菜，旁邊木桌，一群群喝著紅酒、飲料，吃著炸餅的好友們，真是溫馨。

Wolfgang 買了甜、鹹各一個讓我嚐嚐，我喝著暖暖的熱紅酒，在冬日中格外溫暖，甜的果醬餅還是較為適合此刻之心境，浸潤在聖誕的幸福中。緩緩走出市集，茵河的水悄悄流著薄光——隔橋對岸的美麗屋子，妝點得多采多姿，閃閃發光，映入水中，似影，似幻。

好一個夢之旅。

小鎮伊格斯的 **Krampus** 魔鬼節

　　Igls（伊格斯）是距離茵斯布魯克市只有 5 公里的小村莊，位於 Patscherkofel 山的山腳下，山上是著名的昔日冬季奧運比賽場。

　　茵斯布魯克的好處是，20 分鐘之內前往外圍，你又進入另一個風景如畫的山城，我坐上計程車來到伊格斯，正欣賞左右山景，咦！怎麼轉個彎就到了，這是我的滑雪教練 Wolfgang 的故鄉，也是我開始接觸滑雪的所在。儘管好多朋友聽到我要學習滑雪，都會睜大眼睛警告：「喔！妳『這把年紀』學滑雪？小心喔！聽說會摔得很慘，骨頭摔壞就糟了！」但我還是興致沖沖地請奧地利旅遊局安排，「這把年紀再不學就太晚了。」

　　到達伊格斯讓我心情雀躍不已，這個小村莊實在太可愛了，我住進的 Sports Hotel 是小村中心廣場旁的四星級 SPA 旅館，這裡的房子都是幾百年的木造建築，每一棟都各具特色，旅遊中心辦公室入口白牆上的壁畫，中間一隻公雞喊著：「蒂洛爾的節日」，右側是小漁夫抱著大魚，左側為兒童滑雪畫，可愛極了。前面一家專營公路旅行的旅行社，外牆掛著狩獵來的羊頭，咖啡色的外面木窗中間漆上一段白色與內窗相呼應，這是標準古老房子的窗戶，外窗阻隔劇烈陽光。

Sports Hotel 的布置已充滿聖誕味，旅館外面的座位上鋪著白色毛毯，冬日為顧客保暖之用，顯然為今夜的盛典做準備；我十分喜歡室內溫馨的感覺，彩球、蠟燭盤飾、聖誕樹、大星星、藤飾、杉果、銅壁爐與木柴，充滿蒂洛爾的鄉村風；房間極為寬敞，沙發床鋪舒適不已，推開陽台，教堂尖塔就在眼前。

街上人潮開始湧進了，小村莊的聖誕市集在廣場展開，除了手工藝品、熱紅酒、玩具、小吃攤之外，在站立的小圓桌旁，一個個木材火爐升上來，讓遊客減少寒意，真是貼心之舉。最特別的是地上擺滿各種千奇百怪的魔鬼面具攤位，面具充滿嚇人的猙獰面孔並加上長長獸角，有些披著亂髮，張大嘴露出獠牙與紅舌頭，這面具在夜間戴在頭上，不嚇死人才怪；原來今晚在伊格斯有傳統著名的「Krampus（坎卜斯）」，魔鬼之夜。

Krampus 在蒂洛爾也稱為「Tuifl」，這個在中歐及阿爾卑斯山區風行的民俗節慶可回溯到千年以前。主要角色為人們戴上手刻的木製各種魔鬼面具，頭上戴著動物的角，身上披著綿羊、山羊皮，加上牛鈴鈴鐺，走路時或臀部故意上下抖動，製造出叮噹鈴聲，真的很嚇人。到了十七世紀時，Krampus 與聖尼古拉斯 St. Nicolas 及天使們一起在選定的日期夜間出巡遊街（大部分為 11 月底到 12 月初，每個村莊選的日子不同，所以，很多人瘋 Krampus 會跑攤），拜訪民宅，對於乖小孩會給予獎賞，天使也會隨遊行送糖果，但對於做過壞事、不乖的孩子，則會鞭打以示懲罰。

這個魔鬼遊行活動，主要在德國南部、奧地利、蒂洛爾南部地區及北義大利，已經保持千年傳統，如今蒂洛爾許多鄉鎮，分別成立 Krampus Association（魔鬼節協會），每個協會會員都超過百人，主要為該鄉鎮的居民，在遊行時，扮演魔鬼角色。

伊格斯剛好選在 12 月 4 日舉行 Krampus 遊行，我真是恭逢其盛。一陣騷動，隊伍由魔鬼前導，慢慢到廣場來了，因為主要舞台在廣場旁，等聖尼古拉斯來時，會登上舞台為人民祈福，我有地利之便，就在旁邊守侯，時間越晚人群不斷湧入，應是茵斯布魯克及其他附近村莊的居民、觀光客獲知訊息前來湊熱鬧。

　　黑色魔鬼車子來了，爆竹、吼聲四起，煙霧迷濛，大魔鬼頂著白髮、揮舞鞭子，大聲吆喝、耀武揚威，走在街上的魔鬼接近兒童、大人嚇唬。有一個魔鬼居然把小孩抓起來，不過顯然小孩已練就金鋼不壞之身，居然不害怕咯咯咯笑了起來；魔鬼在街邊尋找壞孩子，不知何故，拿起鞭子往我身上打來，痛得我哇哇大叫，「我像壞孩子嗎？」委屈地問著旁邊的奧地利人，他們哈哈大笑安慰著：「沒事！沒事，魔鬼打到是好事，為妳驅除惡運！」喔！又不是打你，你不痛啊！

　　兩匹黑馬載著聖尼古拉斯來了，響起一陣掌聲，後面走路的天使身著白衣，魔鬼也隨侍兩側保護著，馬車在村內最大的聖誕樹前停下。聖尼古拉斯緩緩走上搭好的舞台，排著隊的兒童們魚貫上台，一一接受賜福及致贈糖果，這是活動的高潮，兒童們歡欣鼓舞，往後這一整年都得當乖乖的好孩子喔！否則，魔鬼就會來打你了。

　　這時想起我們城隍廟的高矮七爺八爺，小時侯我家住在嘉義民權路城隍廟旁邊，有一天聽鄰居姊姊說，隔壁的小孩因為太頑皮在八爺面前亂跳，昨晚半夜被八爺賞了十幾記耳光，以後小朋友若不乖，八爺就會來打耳光喔！

05

加斯泰因的
滑雪、賞山
與 SPA 療癒

滑雪族的美夢,在加斯泰因山谷得以實現,四個寬廣的滑雪大區分布在 2700 公尺海拔上, 50 個升降梯,加上 208 公里的完美滑雪道,在雪量平衡的先天條件下,每年 11 月底到隔年 4 月底,滑雪族都能暢所欲滑。

旅居山區原木香

由茵斯布魯克搭火車到達卡普倫（Kaprun）已是下午，加斯泰因（Gastein）旅遊局的行銷及媒體經理 Martina 接我直接到旅館 Das Alpenhaus，沿途路上兩側及山頂的積雪，令人興奮異常，我又來到山區了。

這裡屬於薩爾茲堡邦（Land Saltzburg），冬季是滑雪勝地，夏日是登山客的最愛，還有最奇妙的療效溫泉，此行之精彩可想而知。

我住過很多時髦的現代化五星級大飯店，然而，到奧地利的鄉間或山居，你會有全然不同的自在舒適，彷彿融入大自然中，因為他們主要使用大量原木的建材，保留古老木質的溫厚；賦予現代化的內裝，卻又以大量原木裝飾，Das Alpenhaus 就是如此令人感動的旅店。

推開陽台，一大片雪山景映入眼簾，迎賓的橘子、巧克力如許可愛，我坐到陽台白色的椅子，望著雪景，吃著橘子，不勝感動。

房間桌上的飯店指南簿是手工製作，Logo 就是一座山，大地色的麻布大背袋裝著讓你去 SPA 使用的大毛巾、拖鞋，大床的床頭是整片木頭，原木的香隱隱浮在清新的空氣中。

我迫不及待的想去參觀這個讓我心儀的山區旅店，飯店提供免費自助下午茶給住客，我來到酒吧，那個藤樹根集中做成的茶几座，上面一盆聖誕紅，實在太可愛了，原木雕成的屏風，張佈著菜單，極為特殊，而天花板吊燈的藤圈，真是令人驚豔，所有其他茶几也是原木製作，這酒吧透著大片玻璃，外圍山景歷歷在目；有一大面牆，全部以原牛皮貼上，與吊燈及室內擺飾呼應，極為協調。

該坐下來吃點補給了，哇！盛放食物的盤子，居然也是大片的原木呢！喝杯啤酒吧！夜色漸沉，窗外的燈火升起了。

走下樓梯，前往 SPA 區，右牆全面都是一塊塊原木拼成，SPA 區非常漂亮，我特別關注他的休息高背椅，也是藤木條做成，接待櫃檯的木座以及背牆大小二圓木頭裝飾，自然大地的風味，小茶几是整塊原木上架玻璃的傑作，搭配沙發椅上馴鹿圖案的靠墊，特別好看。我到按摩室去，地板、家具原木之外，牆面全都以大小圓形切下的木頭裝飾，我真是深受感動了。

　　該好好吃晚餐來撫慰今日的舟車勞頓了，我點了煎餅清湯，這是奧地利名湯，以牛肉蔬菜為基底的清湯，一家餐廳的好壞，看主廚做的湯就可知一二，這是我喝過最好的清湯之一。沙拉吧是自取的，他的青菜都是有機，特別是一道炸蘑菇，簡直好吃到無法形容。我的主菜是烤羊腿佐紫高麗菜汁搭馬鈴薯糰子，我在奧地利常吃烤羊腿，一方面在家很難做此料理，一方面是這裡的羊腿實在太美味了。

　　早餐是令人期待的，很開心一早就可享用香檳早餐，生火腿、各類火腿片、煙燻鮭魚、鵝肝、起司、各種優格，最特別的是生鮮的香草現剪；那份美味的蛋捲在我眼前出現時，我的心都笑了。

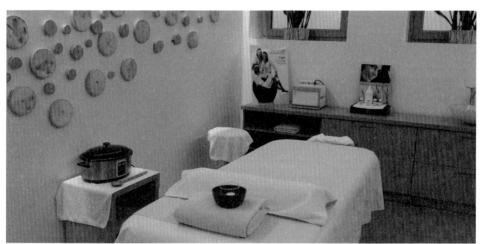

滑雪萬人迷

滑雪族的美夢，在加斯泰因山谷（Gastein Valley）實現了；四個寬廣的滑雪大區分布在 2,700 公尺海拔上，50 個升降梯，加上 208 公里的完美滑雪道，在雪量平衡的先天條件下，自 11 月底到隔年 4 月底共 5 個月，滑雪族得以暢所欲滑；同時，在史度布納科格爾（Stubnerkogel）山上有一條 140 公尺的長橋，其中 28 公尺吊橋架於海拔 2400 公尺之上，是歐洲最高的吊橋。

大約 100 公里的冬季登山道，使登山客享受山景之壯麗，到達「Glockner View」，所有遊客大開眼界，奧地利最高峰——大鐘山（Grossglockner）海拔 3,798 公尺的美景即在眼前。

幾世紀以來，加斯泰因的溫泉名聞四海，每天有五百萬公升的泉水由深山 17 個不同泉區汨汨冒出，暢流於山上小鎮 Bad Gastein 的 Felsentherme 溫泉、Bad Hofgastein 城鎮的 Alpentherme 溫泉，以及其他無數在山谷的旅館，溫度維持在 37.5 ℃ 到 41.5 ℃，形成著名的療癒溫泉區。

帶著無比的興奮與期待，我與 Martina 登上纜車直上薩爾斯堡邦的最高峰，海拔 3,029 公尺的卡普倫 Kitzsteinhorn 山峰；登高山而小天下，開闊的白色世界，實非筆墨所能形容，尤其出身亞熱帶的我，跳脫習慣領域，浸潤如夢似幻綿雪之境，真是飄飄欲仙。

教練已經為我租了滑雪全套裝備，下場訓練此行第三個滑雪課程；這幾次在最著名的滑雪勝地，每次只有兩個小時，體驗的性質居多，重複的基礎練習，滑行、加速、轉彎、停止都已具備了，如果能有連續三天，應該可以勇敢上場；教練都希望我再回去訓練，然而由於時間有限，最重要的架勢擺足，拍個美照，也就心滿意足了。

　　滑雪是非常費力的運動,儘管在練習場,不一會兒,已經內部全身濕透,該休息一下了。在 3,000 多公尺的高山,環繞絕美的雪景用餐,真是賞心悅目,大部分滑雪勝地的高山美食都有一定的水準,Giptel Restaurant 位居 3,000 公尺山巔,我品嚐著牛肉清湯及鱒魚,真有說不出的感動。

　　此處開始屬於冰河區,是通往 Hohe Tauern National Park(高地陶恩國家公園)之窗,高地陶恩國家公園是奧地利最古老也是最大的國家公園,作為國家公園的重要據點,此處發現了一個冰河隧道,命名為 Der Hohen Tauern (The Hanna Turnel) 哈娜隧道,在 1965 年建造第一部分,在 1970 年完成,全長為 362.65 公尺,寬為 2~2.3 公尺,海拔高度由 3,020 公尺到 2,980 公尺。此處於 2011 年成為國家公園的藝廊,藝廊展示此地發現的各種岩石及當代歷史,更設置一個電影放映室,這是奧地利海拔最高的電影院,放映國家公園的奇珍異禽、沿途珍貴收藏、美麗的風光介紹,是遊客認識此境及吸收知識,教育學生的珍貴設置。

歐洲最高的吊橋，**Stubnerkogel** 的美麗邂逅

　　除了呼吸白雪的清新空氣，每天的經驗都是新奇不已；雪地的運動非常多，我們到達 Sportgastein，搭乘纜車到山頂，為了體驗雪靴漫步。

　　陽光照耀山脊，不斷放出光芒，視角寬廣的纜車，真是一大享受，到達 Bad Gastein，我遠遠看到一個矗立在雪上的圓形建築，趨前一探究竟，原來是一群來自歐洲各地，有義大利、希臘、匈牙利、波蘭、捷克、西班牙、西德……各國的媒體工作者應邀到此訪問，來個早餐會，我自我介紹之後，全場熱烈歡迎加入，喝著汽泡酒、果汁，吃著奧地利早餐，在白雪群山環繞之中，熱情溫暖的國際交流，隨著咖啡的氣氛，散播在每個人心中，有趣的邂逅，一生只一會，卻留下無窮的記憶。

　　告別眾美女帥哥，繼續我的雪靴行。雪靴漫步是很有趣的，拄著兩根雪杖，穿上雪靴，一步一步前行，它還是蠻吃力的運動，並沒想像的輕鬆，但因為不像滑雪要全副武裝，倒是很容易上手，喜歡較輕鬆玩玩雪的朋友，非常適合，我自己就相當喜歡。

　　由 Bad Gastein（巴特加斯泰因）需要再坐一段纜車往上。在纜車上遇見一個可愛的家庭，父母帶著兒子女兒來滑雪，看著他們全副裝扮，加上大大的墨鏡，真是

酷斃了！我們到達 Stubnerkogel 山峰，這是海拔 2,400 公尺，歐洲最高的吊橋所在。

事實上，視野廣闊環繞四周的步橋有 140 公尺，其中 28 公尺是吊橋，我對吊橋並不陌生，小時候在嘉義彌陀寺就有長長的吊橋，每當上橋，同學惡作劇的搖晃實在有點可怕，但此時的吊橋，卻是優美凌駕在雪上空中，我漫步往吊橋輕移，只覺輕盈微晃，幸福不已。

由 11 月底開始到新年之前，奧地利城市、鄉鎮，處處充滿了聖誕市集的歡樂，今天 12 月 9 日，在 Bad Hofgastein 的聖誕市場，下午有一場非常動聽的阿爾卑斯長號（Alphorn）的表演，我的滑雪教練參與表演，一定要去捧場。

這個聖誕市集太可愛了，居然還有小羊動物自成一格，一般聖誕市集的熱紅酒、各種手工藝、木製品、小吃攤應有盡有。下午三點的重頭戲阿爾卑斯長號上場了，三位表演主角身著冬季傳統服裝，頭戴禮帽，奮力吹奏著十多尺的長號，音色雄偉、氣魄非凡，我第一次看到如此不凡的長號演奏，十分折服。比起小喇叭，他們使用的長氣，更是非凡，不是一般人可以演奏的。這些地方人士都是義務為地方服務人群，平常必須勤加練習，等到有節慶時就出場義務表演，我在奧地利鄉村看到此情景比比皆是，他們愛鄉愛土的心，真是令人感動。

Tauern SPA ── 陶恩溫泉 SPA

　　在 Bad Hofgastein 小鎮的 Tauren SPA，第一次浸潤在煙霧冉冉的溫泉游泳池，遙望白雪皚皚的阿爾卑斯山，真有無上的感動；奧地利的專業溫泉 SPA 佔地極為廣闊，以陶恩溫泉 SPA 為例，即涵蓋成人戲水世界、兒童戲水區、三溫暖區、日光浴渦輪動力區（Solarium turbopower）、運動區等等，戲水區有滑水道、室內按摩浴、室外游泳池浴；單單三溫暖就種類繁多，有阿爾卑斯香草、芬蘭、有機、香氛蒸氣、各種減壓紅外線等，另有專屬按摩室提供服務。

　　在此特別的溫泉 SPA，環境優美、設備齊全，如果個別旅行，真該多住兩天好好享受。不過，值得一提的是，歐洲的三溫暖都是全裸，男女共處一室，如果你包裹毛巾，反而顯得不禮貌，只能墊在身體底下。同時，大家都是自然自在，視而不見，卻不可盯著別人看。由於國情不同，SPA 的禮節一定要遵守。

　　這個溫泉 SPA 提供優雅的 VIP 休息區，羅曼蒂克的美麗紗帳內部裝飾小樹，躺椅置於其中，除了休息，可以點飲料零食，VIP 休息區需要另外預訂及付費。

　　所有溫泉 SPA 都有提供有機蔬果食材的健康餐廳，做完 SPA 享用一頓無負擔的有機餐，真是快樂無比。

06

哈囉！
百水先生

奧地利藝術家百水先生，他認為水是一切生命之泉源，在他的建築設計中，水的元素如大小水滴、與水相關的噴泉、庭園造景等等，都會屢屢出現。他操刀設計的布魯茂百水溫泉度假飯店更是有無數巧思，彷彿進入了繽紛絢爛的童話世界。

在溫泉寶地與藝術家相遇

　　號稱奧地利綠色心臟的施泰爾馬克邦（Steiermark），盛產豐富農牧產品，世界最著名的南瓜籽油，即為此地特產。同時，80% 的綠地，讓它的葡萄種植和農牧產業都名列前茅。南施泰爾馬克擁有全奧地利海拔最高的酒莊，境內共有八條酒鄉之路，最著名的兩條是「南施泰爾馬克酒鄉之路」及「Schilcher 酒鄉之路」，被譽為「奧地利的托斯卡尼」。此外，著名的好萊塢影星阿諾史瓦辛格的故鄉即為此地，可謂地靈人傑。

　　布魯茂溫泉更是在寶地泉湧，堪稱奧地利位居前茅的療養勝地，完整呈現著名藝術家百水創作理念的鉅作，布魯茂百水溫泉度假飯店（Rogner Bad Blumau），猶如山中的彩色城堡吸引全世界的目光。

　　舉世聞名的奧地利藝術家百水先生（Friedensreich Hunderwasser，1928-2000，原名為 Friedrich Stowasser），出生於奧地利維也納，他認為水是一切生命之泉源，因此將自己的名字改為「百水」；他喜愛航海，遊歷世界，足跡遍及歐洲、非洲、大洋洲及亞洲的日本，對東方文化極度著迷。他源源不絕的靈感創作出眾多獨特的作品，水的元素如大小水滴、與水相關的噴泉、庭園造景、建築，在畫中及建築設計中屢屢出現，他的畫風原為抽象畫作，直到 1953 年，開始思考螺旋、迴轉與生死輪迴之意象，而以之作為其中心思想，創作出一連串令人驚奇的作品，這也是受到東方文化的浸潤，無怪乎 1961 年再婚的對象為日本太太。

童話般繽紛的溫泉飯店

酷愛曲線、多元色彩，各種造型融匯的百水先生，最反對直線的枯燥，他藉由建築的細部，將其各種特別的理念呈現。例如，各種不同顏色、形狀的窗戶，柱子上大小不均的圓球，高低不平如丘陵的木頭地板，鮮豔各種色彩的磁磚拼貼、黃金的洋蔥屋頂。他愛好和平、提倡環保，在建築作品中展現無遺，每個曲線都像微笑，讓人觀賞之餘，心生愉悅，會心一笑。

百水先生猶如藝術頑童，他徹底顛覆人們對建築的印象，曾參與超過 50 個充滿個人色彩的建築，遍及奧地利及德國，在日本、西班牙及紐西蘭也有他的作品；特別是在 1997 年，他完成這座和平、環保、與自然和諧共存的「布魯茂百水溫泉飯店」，實現其終生最大的夢想。

第一次應邀造訪布魯茂百水溫泉度假飯店，彷彿進入繽紛絢爛的童話世界，百水頑童揮灑著他的彩筆，玩得不亦樂乎，建築的所有細節，從地板、柱子、牆壁、窗戶、屋頂，弧狀造型，大小泳池不規則呈現，地上、地下洞穴屋，甚至室內圖紋造型、裝飾細部，無一不令人驚豔，它不只是百水之夢，它是小孩子、每個人的夢。

在此廣達 40 公頃的土地上，擁有三座溫泉泉源，終年冒出 36 ℃的美人湯，建築架構自然以溫泉泳池為中心，四周圍繞著各式彩色房屋，有如城堡、有如遊樂場，更有潛入地下像土撥鼠地洞的公寓房子；飯店設施完整，含有顧客房間、餐廳、SPA、美容室、三溫暖、室內室外游泳池等等，百水的獨特風格發揮無遺。室內有一個大型的全飯店模型，完整縮小展現全溫泉之美麗縮影。

以彩色屋子為例，每棟房子的外觀完全不同，絕無重複，無論色彩、線條、造型弧線，都是獨一無二；以飯店接待大廳所在的 Stammhaus 來說，即為一棟粉紅色帶有金色洋蔥屋頂的可愛城堡，總共有 47 個房間，每個房間窗戶的大小、顏色都不一樣，推開窗戶，美麗的風景迅即映入眼簾。

我想先從建築的柱子談起，每根柱子的形狀、分段、顏色對比都是獨一無二，所有窗戶的造型、大小、色彩也都不一樣，連門的形狀、顏色也不同，有些窗戶表現，如同一對眼睛，然而，所有的色調、形狀看似衝突，卻又如許和諧相容。

尤其呼應與大地共生的自然環保理念，多起外型如雷龍背脊的弧狀建物，屋頂全部以草覆蓋，有一棟正面有著紅色線條的 Ziegehaus，特別以永生回收之概念，將穀倉、農莊屋頂的瓦片再利用而完成。

除了吸睛的地上建物，漫步綠色草坪時，忽然發現地下別有洞天，沿著階梯而下，原來是旅館的公寓房間，房間圍繞在四周，中間即為露天庭院，兩戶共用。屋裡房間極為舒適，彩色磁磚拼貼的浴室、廚房，以及溫暖的客廳，透光的玻璃，與大自然結合的環境，讓人放鬆。

連接每棟建築物的走廊，是顧客必經之地，百水的巧思，讓穿堂成為無上的享受，首先是地板，兼顧其創作理念及房客行走的便利，利用不同的色塊及材質構成水滴形狀的地板，然而只有靠近牆面的部分是起伏不平的。走廊的一邊是形狀、色彩不同的窗戶，另一邊則是掛畫或大大小小以金漆畫成樹枝的樹木，每棵樹自有其獨特風格。

鼓勵種樹除了環保之外，也是非常好的紀念，飯店的大庭園，有著房客或在此舉辦活動的客人歷年種下的樹。2006 年 6 月 24 日，一對新人在結婚之日親手種下一棵樹，成為終生美好的紀念；每位種樹的客人，都有著標示他們姓名、日期及特殊意義的標幟牌，陪伴著日日成長的樹木，我想，這些紀念樹也是持續召喚他們回來探望的原因吧！

在百水先生的生命中，水是最重要的元素，他酷愛雨天，水是他安全感的來源。因此，飯店中央一座大溫泉泳池是精髓所在。四周圍繞著彩色城堡及綠草，露天、室內溫泉泳池散布，共有 7 座，其中一座泳池由室內穿過一座小橋來到室外，泳客自由穿梭，極為有趣；每座泳池散布著大大小小的圓球彩色柱子，將百水先生與「水」緊緊相連。

溫泉飯店的 SPA 是重頭戲，多元色彩延伸到更衣室及櫥櫃，喜愛繽紛多元的我，真是驚豔不已，十多種不同色彩配上室內圓柱，非常震撼。SPA 區域的屋頂是自然光玻璃的圓拱放射狀，十分美麗，池畔處處矗立著獨有的圓球彩柱，有一處懸掛著大大的銅鑼，旁邊是熏香的銅盤，完全的東方元素，百水先生熱愛東方之情，在作品的細緻部分表露無遺；此處呼應池水，圓柱多以不同的藍色搭紅磚色呈現，也是柱柱獨一。

顧客休息區的牆面，以金色樹枝及水滴呈現在全白的牆面，而白紗的隔帳中一面面的床墊，讓人躺下就完全融入了；VIP 特有的白葡萄汁、礦泉水及水果盤，優雅的靜置於床墊角落，旁邊是寫上貴賓大名的名片，在泡澡之後，細品白葡萄汁，摘兩粒葡萄入口，無疑是人生至高的享受。

來到另一休息區，發現白色觀音靜坐在角落，另有印度濕婆神的造像；靜坐室的大理石地板上，螺旋圖像再度呈現，百水先生的東方情結始終眷戀不已。

不可思議的教堂

　　百水先生一生創造許多傑作，他還設計並顛覆了一般教堂的形象，我到了聖芭芭拉教堂（St. Barbarakirche）又是大開眼界。

　　由格拉茲（Graz）中央車站，行駛大約 1 小時來到 Bärnbach 小鎮，此地盛產彩繪玻璃工藝品，然而，使其聲名大噪的是全世界最另類最可愛的聖芭芭拉教堂。

　　這座教堂於第二次世界大戰全毀，睿智的鎮民經過投票，邀請百水先生來設計。於西元 1987 年開始設計，到了 1988 年，在百水的創意下，脫胎換骨，成就了新風貌——一個不像教堂的另類教堂；令人十分佩服的是，純樸的小鎮居民，居然歡喜接受，照單全收，讓百水先生揮灑自如，成就一段佳話。

　　儘管一般被視為嚴肅的教堂，但頑童百水的童心未泯，他不想落入教堂中規中矩的桎梏，仍然大肆運用他的慣常建築元素，繽紛色彩、水滴、圓柱以及洋蔥頂、螺旋圖。

　　最主要的教堂鐘樓，金色耀眼的洋蔥頂，側面放上「開始」和「結束」的符號，像極了開懷大笑的笑臉，十字架浮在代表大地的綠毯上，旁邊信徒跪拜著；百水最愛旅行航海，在教堂的牆上以磁磚拼出船及錨，他代表性的柱子及窗戶，更是芳蹤處處。

　　他將宗教視為包容大地，包容異教的精神，在教堂旁的公園圍繞著 12 道拱門，每一道門以

象徵性的圖騰代表全世界主要的宗教信仰或文化，例如佛教、伊斯蘭、印度、基督教、猶太教……等等，其中最特別的一扇門無任何圖案——它代表著「無信仰」，另一扇「Ur-Gate」的門，用了三顆圓石代表史前時代的信仰。

　　走入教堂前方聖壇，十字架卻以大膽的風格呈現，以白、黃、綠不規則的磁磚砌出十字架周圍的光芒，簇擁著耶穌，使教堂呈現特殊的磁吸能量，光芒由中央圓周射出，彷彿呼喚吸引著每一個朝聖者之心靈。兩側的壁畫也是百水先生的作品，訴說聖經的故事。我發覺教堂外面有一朵盛開的太陽花，以螺旋圖紋為中心，橘紅花瓣圍繞，鑲在深藍的磁磚上面，似乎又是一個窗戶，等到進入教堂，發現光彩炫目的螺旋圖文中心是個十字，透過窗外的陽光映照在它前方的小十字架上，是如許令人動容，如許觸動心靈，真是神奇的體驗。

垃圾焚化爐（Spittelau）

　　強調環保的藝術家百水先生，在他的好友擔任維也納市長期間，受邀設計並完成此彩色焚化爐，這可能是世界上最美的垃圾焚化爐。

　　這座以高科技建造的現代化設備，經過最新的過濾技術，以垃圾焚化時產生的大量熱能，供應周圍居民和學校使用。維也納有三分之一的垃圾，都是經由此彩色焚化爐處理，每年約可消化 25 萬噸的垃圾，堪稱環保的尖兵。

　　在維也納市的焚化爐，以百水先生的環保意識以及自然環境之創意融合，希望運送垃圾的工作者也能享受大自然的美麗，在灰灰暗暗的外牆，創生了紅色的蘋果、草莓，窗戶的頭頂加上王冠，陽台籠罩在綠樹之下，生氣蓬勃。金黃色的圓球煙囪是焚化爐的控制中心，由於太漂亮了，色彩絢爛造型獨特，很多人誤以為是旋轉餐廳呢！

　　整個焚化爐建築的設計，窗戶的獨具一格，色彩造型不一，圓柱的多彩，柱頂的圓球，與環境的融合，在在顯現百水的巧思與愛心，連隔鄰的大樓，也在白色外觀上加上深紅粗細不一的流線線條，以呼應彩色焚化爐的生氣盎然。

CHAPTER 11

奇聞妙事

來場絕對最美好的偶遇

01

最古老小鎮
的鐘樓夜夢

如果你在一個國家有好朋友,你將會有一個愉快的旅行,如果你在一個城市有「非常要好」的朋友,那你可能會有奇特而永生難忘的旅行。

我「非常要好」的朋友 Hannelore Struger-Waniek 邀請我到她的家鄉——奧地利最古老的小城恩斯（Enns）,讓我變成「鐘樓公主」,度過最神祕的一個夜晚。

鐘樓頂之夜宿

　　恩斯位居多瑙河附近，是古代從薩爾茲卡莫古特鹽湖區到捷克波西米亞的鹽路（Salt Route）中繼站，地位十分重要。早在 1800 年前，羅馬帝國即賦予「城市」的權力，一千年後，波本王朝利奧波德六世（Babenberg Herzog Leopold VI）仍賜予「城市」的權力。事實上，在 12 世紀時，由於它的策略地位及經濟發展，表現在國際貿易網路上，使其地位不可小覷。

　　如今，時移境遷，近距離的古老城牆依舊圍繞著，這是歷史的寶藏，古今美麗的建築共存，形成小城和諧的畫面，三條街道貫穿，直通城市中心點恩斯鐘樓塔（Stadtturm），這是恩斯的城市之塔，也是恩斯最重要的代表性地標，它有 60 公尺高，是哥德式與文藝復興風格結合的完美建築，在 1564 年建造，2011 年改造成為今日樣貌。

　　在這鐘樓頂端有一個神祕的基地，可能是世界僅有的「一個房間」的旅館。2006 年，在林茲，有一群建築師突發奇想，要創造出旅客居住旅館空間的獨特體驗，成立了 Pixel 旅館協會（Pixel Hotel Association），專門從事空間改造，使其具有獨一無二的特色，增加價值，提供「超乎尋常」的體驗。他們在很多旅館特別革新專

案中，已建立國際認可的品牌；而恩斯鐘樓上的改造，是在 2006 年由建築師 Hass 設計，2008 年 11 月 6 日開始營業，協會的設計師每年可來此住一晚，我很幸運的，也由恩斯觀光局安排當了一夜公主。

在 2015 年 8 月 7 日，我由 Hannelore 陪同，在廣場邊負責管理塔樓房間的 Hotel Zum Goldenen Schiff 拿了鑰匙，循著旋轉而上的狹窄水泥樓梯，一步一步往上爬，Hannelore 一面喘著氣，一面問我：「妳一個人住上面，會害怕嗎？」我擺出一副木蘭赴沙場的氣勢：「不怕！不怕！我獨自旅行過多少地方啦！這算什麼？」

終於爬完 72 階，到了，那弧形的木門，外面掛著 pixel im turm 的招牌，打開門，出現的是隔音的大紅絨裡門及大紅門簾，有種新房的感覺；進入房間，感覺卻截然不同，雪白的大床，牆上掛著現代畫，浴室旁雙邊牆上的黑白文字，床前大座燈、吊掛衣架、平板電視，完全是現代的設計，這個房間極為寬敞，在白色窗檯前的寫字桌上，放著一臺雀巢咖啡機，下面還有迷你吧。

此刻，小窗外的夕陽金光，灑在小城的屋頂上，火紅的太陽逐漸落下，我與 Hannelore 打開房門，往上爬至頂層古鐘側，跨出門檻，四周美景，盡在眼前。

夜幕低垂，我們下樓到廣場吃了簡餐，Hannelore 的朋友請我們吃冰淇淋，是該道晚安的時侯了，我不想讓朋友太勞累，但 Hannelore 堅持再送我回鐘樓，她顯然有點不放心，把她的手機、管理酒店總經理的手機都幫我寫在一張紙上，約好隔天早晨 9 點半下來吃早餐，參加 Hotel Zum Goldenen Schiff 老闆的「生日早餐宴」。

我獨自一人，進入今晚的「家」，奇怪的是，從來什麼都不怕的我，心裡開始覺得「毛毛的」，沐浴後，趕緊躺上床，但總覺得房間裡好像有東西，還是不安，於是我坐起身來，打開手機中我弟弟畫的千手觀音像，念著「阿彌陀佛」，心裡開始對話：「不好意思喔！我是來自臺灣的作家，今天來到貴寶地，主要是為了寫奧地利的書，打擾一夜，請多包涵！」奇怪的是，也不知何時入睡，居然一覺到天亮，連鐘樓一早的鐘聲都沒察覺。

隔日一早，望著朝陽，翻開旅館記事簿，自從開幕隔日，就開始有入住者的留言，大部分是德文，也沒英文，我拿起筆來，寫下第一篇英、中混合的感言：

我想，我可能是八百年來唯一與古人同處一室的臺灣人吧！

「I am from Taiwan. I am the first Chinese in here. Thank you ！」

在準備寫奧地利的最後段行程，住進這個鐘樓唯一的房間，是個十分奇特的經驗，昨天爬上 72 個階梯，在古老的旋轉樓梯間，體驗了絕無僅有的奇特感，看到現代化的房間更覺驚奇。

昨晚友人特地再送我上來，以確定一切完美，我獨自在房中，起初有點奇怪的感覺，好像有什麼東西在房間，開始念「阿彌陀佛」，開啟手機上之千手觀音，隨後安然入睡，出奇的平靜，一覺到鐘聲響時，已是早上 6 點鐘，似與古人同在一宵，在鐘頂眺望，昨日下午的晚霞、今晨的明亮陽光，底下念經聲不絕於耳。

車聲、人聲，這個鐘樓立於廣場中央，即使獨自一人，仍感受氛圍的脈動。

喜悅、感恩，在人生的路上，永遠伴隨年輕的心。

洪繡巒 Salina Hong 于 Aug.7.2015

奧地利特殊傳統──生日早餐宴

　　次日一早，我徐徐下樓，廣場已熱鬧滾滾，Hannelore 的父母親已在座，好多賓客送上禮物，樂隊也整裝待命，今天是 Hotel Zum Goldenen Schiff 的老闆 75 歲生日宴。以前我不知道有「早餐生日宴」，原來這是奧地利的特殊習俗，樂隊開始奏著進行曲暖場，主人舉杯歡迎，這個宴會可以看出主人的人氣，顯然 Mr. Otto Brunner 廣受歡迎，祝賀者坐滿廣場，還有人從外地專程趕回來。我前一天已跟他見過面，他特別向大眾介紹我是臺灣來的作家，昨晚住在鐘樓頂，贏得一陣掌聲。

　　市長致詞之後，壽星的老朋友紛紛上臺致詞吐槽他的糗事趣聞，甚至有人玩笑說他厲害，外頭還有私生子女，這可不是新聞，害得大家笑聲連連，但壽星也只好置之不理；奧地利人的幽默與肚量，也讓我見識到了。

　　員工們組成樂隊，為老闆送上自家做的蛋糕，演奏民歌獻唱致敬，開始用餐囉！吃著奧地利最有名的圓麵包（Semmel）夾炸豬排，喝著酒，朋友、親戚齊聚一堂，這也是難得的社交活動，最後奉上不同的蛋糕、甜點，搭著咖啡；曲終客散，續攤的就往餐廳內繼續聊是非，真是令人流連忘返。

02

獵人之舞——
秋獵野鴨行

到南施泰爾馬克，除了酒香、南瓜籽
油香，秋天到臨時，令人期待的野味
狩獵正蓄勢待發。

當小 Paul Kiendler 告知我已正式應
邀，參加 10 月 11 日星期日獵人隊的
野鴨狩獵行時，我真是興奮得不得了。

這是多麼有趣特殊的機會，雖然 Paul
告訴我：「妳沒有獵人執照，不可持
槍，但要絕對靜默，觀看變局。」

跟著「正牌」獵人，體驗山林野趣

我們先到一家獵人的酒莊集合，哇！牆上四壁掛滿各種鹿的頭骨，這些都是主人歷年狩獵的戰果。奧地利的野鹿很多，繁殖也很迅速，所以多到危害農作物，因此獵人們的獵殺是被鼓勵的，除了好吃的野鹿肉，也是幫助農民。但春天是動物們交配的季節，禁止狩獵，唯有到了秋季開始的半年，才予開放，這是獵人們必須遵守的道德觀。我們今天不到森林獵鹿，只到附近小湖野鴨夜宿之處，算是較輕鬆的行程。

通常獵人們的習慣是集合時先喝一杯再出發，他們喜歡在白葡萄酒中加入礦泉水當成飲料，所以是十分清淡的酒。

我穿上 Paul 為我準備的深色長外套、帽子和雨靴，今日陰雨濛濛，但不減「獵性」，我們 9 人小組在桌上開始抽號碼，並高喊自己的號數，原來是抽狩獵時站定的位置，由當次的「領隊」指定獵人該站的地方，狩獵是團隊紀律很重要的 Team Work。我們帶著兩隻獵犬出發了，其中另一位女士，她先生以前也是獵人，前兩年過世，獵人隊是很有人情味的，他們讓她帶著獵犬做服務；這些獵人們每兩個星期會有一場獵會，有的人分屬不同狩獵團，所以活動也很頻繁，是當地友誼、社交的重要活動。

我們在黃昏前駕車來到小湖邊，附近森林密布，必須趁天黑野鴨回家之前在林

中定位等待，所有外套、帽子要包緊壓低，躲在林中，不能露出一點亮色，否則野鴨敏感，會飛走不敢下湖；此外，百分之百的靜默，不能發出半點聲響，獵人們的耳朵非常敏銳，他們會聽出鴨子飛來的方向而備戰。

我與小 Paul 一組，其他人各自定位；我覺得我的「打坐」功夫還真派上用場，只不過這次用的是「立禪功」，那是個非常特殊的修練。我與小 Paul 立於林中，不敢稍有動彈，只怕發出聲響。等！等！再等！腳酸了，腳底又不能移動，只能膝蓋上、下抖抖，我望著小 Paul，他正側耳傾聽，眼望水塘，聚精會神；突然！傳來一聲槍響，水中發出鴨子落水的聲音，遠遠塘中波紋漾開，打中了！隨即，又是一片「死寂」，等待另一批回湖的鴨子；又是一段漫長的寂靜與等待。忽然，遠處又傳來一聲槍響，然而，隨即音消煙散，這次出手的獵人失望了；小 Paul 後來終於出手，沒打中！他看著我笑笑！無所謂，兵家常事。

夜色越來越暗，終於全暗了，隊長發出訊號，收工！我的腳真的麻了，我們緩緩走回車子。獵人們跟我說，今天下雨天氣不好，而且，大批野鴨去到別的小湖了，與他們的預期不同，今天收穫不很理想，只打到兩隻鴨子，獵物歸打中的獵人所有，這是「規矩」。

其實，後面的喝酒慶祝才是重點，黑麵包、香腸、火腿、臘肉、番茄、洋蔥、青紅椒紛紛上桌，還有他們喜好的豬油肉抹醬；吃生的蒜瓣似乎是一大樂事，每人面前一塊木砧板，切上蒜片、洋蔥、香腸，就是美妙的一餐；獵人們只用「左手」持杯喝酒。我在這群「男獵手」中，還真活得自在呢！其實，我還真喜歡獵人們全副武裝的打扮，真是帥斃了。當我如許稱讚他們時，這群率真的男人可樂歪了，相信下次聚會時，他們會問 Paul：「Salina 幾時回來啊！」

要取得獵人執照並非那麼容易，必須先修習半年的課程，在夜間每週上課 2～3 次，課程包括四個方面：

1 **法律知識**：也就是關於狩獵的法律規定、界限，以免觸法。

2 **森林知識**：關於植物、草木、森林、山嶺及農產品知識，例如甜玉米何時播種、那些動物愛吃什麼⋯⋯等。

③ **動物知識**：這是最大也是最重要的一部分，包括動物的認識、疾病、獵犬知識、狩獵文化，甚至分別動物腳印、何時交配等。

④ **武器**：槍枝、獵槍種類、使用知識、子彈知識，不同的狩獵語言、暗號學習。

上課半年後，必須參加考試，考試採取嚴格的「口試」，由4位主考官提出一大串各種問題，你必須熟識並反應快速，機智地回答，通過考試後，開始練習正確的使用槍枝，直到熟習。

最後，你會得到貼上自己照片及資料的「狩獵執照」，正式成為獵人，這份執照只要每年付一點點費用給國家，它是終生有效的。

我們吃著一位獵人太太做好的磅蛋糕，喝著白酒，望著這一群瞎扯淡的可愛「獵士」們，居然有著萬分的感動，自由、自在、自然，「What a life!!」

03

奧地利的清明節
—— **11 月 1 日**
孝親追思禮

就想搭阿特湖區的小火車，2015 年
11 月 1 日，我沒預期，也沒目標，只
想閒逛。

搭上每小時才一班往 St. Georgen 的
小火車，車上居然只有我一位乘客。

信步閒庭望秋景

　　小火車緩緩奔馳，一幕幕橘色秋景掠過，與車內橘色座椅光影相映，我與酷酷的車長搭訕起來，他以不太溜的英語一直道歉英文講得不好，但這不能怪他，奧地利以德語為主，我也開心了。

　　有時，享受清靜真是一種福氣，到達 St. Georgen，見到山形木屋頂的可愛小車站，旁邊廣場停著幾輛巴士，就是沒半個人。

　　望著遠處大教堂的尖頂，直覺告訴我，那就是市中心，信步經過一個有趣的屋子，外面的壁畫已經明示：「我是消防隊」，經過小徑，鵝黃的樹葉真是美極了，唯有秋季，金色奧地利的魅力，讓你的生命永遠燦爛。終於走到教堂後方，那棵巨大的「金葉樹」總有百年，千年吧？它罩蔭著牆邊的小拱門，階梯散一地的落葉，處處見憐，我拾級而入，寬大的墓園，鮮花處處，信步走進 St. Georgen 大教堂，此刻，寂靜無聲，美麗的拱頂、祭壇，彩繪的窗玻璃，充滿靈性的吸引力，這座洋蔥頂的巴洛克大教堂是當地的主教堂，我到教堂旁的一家 Kirchen Wirt 咖啡館喝了一杯卡布奇諾，居然老闆說他請客，不收我的錢，改天再來吃飯好了，這家咖啡館古意盎然，還陳列著老阿嬤的縫衣機。

靜思禱告，緬懷先人

我在咖啡館後院遇到正在集合練
習的當地義務樂團，他們告訴我：今
天下午 2 點開始在教堂墓園有演奏，
他們會在那兒。

今天星期日，所有商店都不營
業，我到街上閒逛。這小鎮有賣「水
煙斗」的店家，還有立著龍柱的中國
餐廳，走著走著，忽然看到街上開始
出現人群，全家扶老攜幼，往教堂方
向前進。這是很奇怪的感覺，剛才半
個人影都沒有，此時全鎮的人都出動
了，原來今天 11 月 1 日，是奧地利追
思祭祖的節日（Aller Heiligen），每
年此時，在外鄉的家族成員必須趕回
家鄉團聚祭祖，奧地利是很重視家庭
傳統的民族。此刻，盛裝的鎮民走向
教堂，作追思禮拜，我跟著走回教堂，
禮拜堂已擠得水泄不通，主教正在主
持彌撒，無法進入教堂的人們則在後
面墓園守候。

彌撒結束，教堂內人群一波波走
向先人的墓園，家族圍著墓園，獻上
鮮花蠟燭，圍繞祖先，閉目禮拜，連
小朋友也安靜地行禮。此刻，樂隊開
始奏樂，他們奏著思念之歌，一曲又
一曲；主教步出教堂，沿著墓園一一
灑淨祝禱，巡迴來去，直到每個墓園
都得到淨水。

　　聽著樂音，聽著主教口中的念禱，望著一圈圈虔誠追思的人們，我的眼眶不禁溼潤了。

　　帶著些許激盪的心，默默循原路走回車站，望著光影交錯的漫長鐵軌，我的心奔馳著。

（右圖）梅爾克修道院由入口廣場看去的全景

驚豔奧地利

歐遊女王洪繡巒帶你品味 45 處不可錯過的名勝，美饌美酒、古蹟文化、雪景溫泉，領略歐陸四季之美、節慶、工藝與人文氣息【暢銷增訂版】

作　　　者／洪繡巒
美 術 編 輯／申朗創意
責 任 編 輯／黃欣
企畫選書人／賈俊國

總 編 輯／賈俊國
副 總 編 輯／蘇士尹
編　　　輯／黃欣
行 銷 企 畫／張莉榮、蕭羽猜、溫于閎

發 行 人／何飛鵬
法 律 顧 問／元禾法律事務所王子文律師
出　　　版／布克文化出版事業部
　　　　　　115 台北市南港區昆陽街 16 號 4 樓
　　　　　　電話：(02)2500-7008 傳真：(02)2500-7579
　　　　　　Email：sbooker.service@cite.com.tw
發　　　行／英屬蓋曼群島商家庭傳媒股份有限公司城邦分公司
　　　　　　115 台北市南港區昆陽街 16 號 8 樓
　　　　　　書虫客服服務專線：(02)2500-7718；2500-7719
　　　　　　24 小時傳真專線：(02)2500-1990；2500-1991
　　　　　　劃撥帳號：19863813；戶名：書虫股份有限公司
　　　　　　讀者服務信箱：service@readingclub.com.tw
香港發行所／城邦（香港）出版集團有限公司
　　　　　　香港九龍土瓜灣土瓜灣道 86 號順聯工業大廈 6 樓 A 室
　　　　　　電話：+852-2508-6231　　傳真：+852-2578-9337
　　　　　　Email：hkcite@biznetvigator.com
馬新發行所／城邦（馬新）出版集團 Cité (M) Sdn. Bhd.
　　　　　　41, Jalan Radin Anum, Bandar Baru Sri Petaling,
　　　　　　57000 Kuala Lumpur, Malaysia
　　　　　　電話：+603- 9056-3833　　傳真：+603- 9057-6622
　　　　　　Email：services@cite.my
印　　　刷／卡樂彩色製版印刷有限公司
初　　　版／2024 年 6 月
定　　　價／680 元
Ｉ Ｓ Ｂ Ｎ／978-626-7431-64-1
Ｅ Ｉ Ｓ Ｂ Ｎ／978-626-7431-63-4（EPUB）

城邦讀書花園 www.cite.com.tw　**布克文化** WWW.SBOOKER.COM.TW

奥地利

Lebens-
gefühl

[ˈleːbn̩sɡəfyːl]

A feeling you get
in Austria and want
to take home.

facebook.com/feelaustriaTW

不斷前進 在每個日以繼夜裡

長榮航空蟬聯 8 年 SKYTRAX 五星級航空榮耀

追求更極致的飛航體驗,成就持續向前的動力,是長榮航空初心不變的指北針
歡迎您一同感受長榮航空五星級服務的精彩旅程

EVA AIR 長榮航空 ✈ | A STAR ALLIANCE MEMBER ✧

奧地利得天獨厚的地理位置，不僅自然風景優美、文化豐富，
更孕育無數的偉大音樂家，譜出動人的樂章，飄送至全世界

創意奧地利
真善美湖區經典13天

- 搭乘長榮航空直飛維也納最省時
- 特別安排搭乘世界遺產 森梅林鐵道火車
- 造訪奧地利最高峰 大鐘山
- 造訪義大利與奧地利交匯的多洛米堤山
- 真善美湖區之旅 哈詩達特小鎮
- 特別安排藝文演出 音樂饗宴 • 中世紀古城 米其林美食體驗

台北總公司 (02)2517-1157
新竹分公司 (03)523-4177
台中分公司 (04)2310-0558
彰化分公司 (04)722-0432
台南分公司 (06)338-7595

行山
多洛米堤
Austria
義奧 13天
Italy
搭乘阿聯酋航空

✦ 觀山	七個健行散策路線：修斯高原、	✦ 仰天	阿爾卑斯大鐘山之路
塞塞達峰、三尖峰...等		✦ 嘯谷	富妮斯山谷
✦ 翫水	四座名氣湖泊：布拉伊埃斯湖、	✦ 零度	達赫施坦茵冰洞
加爾達湖、密蘇里那湖、哈斯達特湖		✦ 把酒	SANDGRUBE13 wein.sinn

- - - - - - - - - - - 其 / 他 / 東 / 歐 / 行 / 程 - - - - - - - - - - - - -

五星奧捷10天 CI/BR 三晚五星｜三大湖區｜雙城堡皇宮｜米其林｜遊船饗宴
6/5.6.9.10.14.27、7/7.11.17.21.24.28.29、8/4.7.14.18.25、9/4.11.18.22.29...

華麗奧捷12天 CI/EK 六晚五星+一晚湖區｜雙點進出｜音樂會｜國王湖遊船
6/2.8(成).11.15.16.22.23.30、7/14(推).16.21.22.23(推).29、8/5.12.19.20(推).26...

醉戀奧捷12天 EK 湖區連住兩晚｜普魯洪尼斯公園｜伏爾他瓦河遊船午宴｜國王湖上下湖區
7/1.8.15.22.29、8/5.12.19.26、9/2.9.16.23.30...

璀璨奧捷匈13天 EK 六晚五星｜馬術村｜格德勒宮｜熊布朗宮｜哈斯達特天空步道｜鹽礦
6/6(卡端午).13.27、7/11.18.25、8/1.8.15.22.29、9/5.12.19.26...

華麗小東歐13天 CI/BR 三晚五星｜國王湖區｜多瑙河遊船｜雙城堡皇宮
6/6.13.20、7/18(推).25、8/1.8.15.22.29、9/14.18.25.26.30...

憑此內頁報名，團費每人優惠 $ **2,000** 元

ENJOY YOUR JOURNEY, ENJOY YOUR LIFE

YS 永信旅遊
YS TRAVEL
（交觀綜第00731號）

專屬窗口｜專業服務｜專注為您｜官方LINE 請搜尋@ystravel

台北 ☎ 02-2508-0789　台中 ☎ 04-2213-7676
桃園 ☎ 03-2863-899　高雄 ☎ 07-3311-539